SAGGI DI «LETTERE ITALIANE»
XV

ANGELO JACOMUZZI

IL PALINSESTO DELLA RETORICA E ALTRI SAGGI DANTESCHI

FIRENZE
LEO S. OLSCHKI EDITORE
MCMLXXII

AVVERTENZA

Dei saggi raccolti in questo libro, i primi due, *Invenzione e artificio nelle « petrose »* e *Il palinsesto della retorica* nacquero in occasione degli incontri danteschi di Gressoney promossi da Egidio Guidubaldi nell'estate del 1971 e 1972 (il secondo anticipato in « L'approdo letterario » XVII (1972), n. 55-56); *Il terzo canto del Purgatorio* è una « lettura » classense; *La « Divina Commedia »: figura, allegoria, visione* è apparso, come rassegna critica, in « Rivista di storia e letteratura religiosa » VI (1970), n. 1.

A Vittore Branca e a Giovanni Getto che hanno voluto ospitare queste pagine nei « Saggi di Lettere italiane » desidero esprimere la mia più viva gratitudine.

Torino, marzo 1972.

A. J.

INVENZIONE E ARTIFICIO NELLE « PETROSE »

La riabilitazione postromantica e il riscatto della grandezza assoluta di Arnaut Daniel nell'ambito della tradizione lirica occitanica non solo rendono giustizia alla recisa sentenza dantesca del XXVI del *Purgatorio*, per l'interposta persona del primo Guido, ma s'accompagnano anche a una rivalutazione non altrettanto energica, ma certo fervidissima d'attenzione e interessi, dell'importanza e del rilievo artistico che le petrose rappresentano nell'ambito delle rime dantesche. Il nodo Arnaut-petrose stretto da Dante sul piano dell'invenzione e della scrittura, e ribadito sul piano della riflessione di poetica nel *De vulgari eloquentia* (II, 13, *12*) condiziona dunque inesorabilmente il discorso critico ed è facile constatare, percorrendo l'arco della bibliografia, che lo àncora esattamente al punto segnalato nel trattato dantesco: l'ambizione e il privilegio d'attribuirsi « novum aliquid atque intentatum », alla questione, cioè, dell'oltranza tecnica.

Dalla condanna e dal fastidio verso il tecnicismo del provenzale, soffocatore dell'ispirazione genuina e della spontaneità creativa, tendente a risolversi nella vacuità dell'esibizione e del virtuosismo, a impedire nello spessore dell'artificio l'espressione poetica dello spirito e a mascherarne l'assenza, dalle valutazioni d'un Fauriel « l'un de ceux qui contribuèrent le plus à perdre la poésie provençale, en la reduisant à un pur mécanisme », dal ritratto dello Jeanroy, Arnaldo « professionnel habile et appliqué », per rifarsi solo a qualche indicazione più significativa, si giunge alle pagine del Berry e al giudizio secondo il quale la poesia dell'età romanza non ha conosciuto operaio più grande; [1] così per le petrose (ed è appena il caso di dire che al nodo Arnaut-petrose ci si riferisce qui per la chiarezza quasi didascalica con la quale esso consente di individuare qualche aspetto essenziale dell'evoluzione delle poetiche e del gusto dall'età romantico-positivistica ad oggi) molta strada s'è fatta, dalla liquidazione un pò sbrigativa del Croce « neanche in questi componimenti la forma è pura e schietta, e il poetico loro spunto è in parte reso estrinseco e in parte turbato dal virtuosismo delle immagini e delle rime » al riconoscimento, ma spesso e assai più che per il provenzale punteggiato di cautele e di riserve, che esse rappresentano per l'altro « fabbro » il risultato più alto e arduo nella sua fatica di rimatore.

---

[1] Cfr. C. Fauriel, *Histoire de la poésie provençale*, Paris, 1846, II, p. 41; A. Jeanroy, *La poésie lirique des Troubadours*, Toulouse-Paris, 1934, II, p. 47; A. Berry, *Florilège*, XXI, pp. 186 sgg.; ma per una storia della vicenda critica intorno alla poesia di Arnaut, sono da leggere le pagine dedicate all'argomento da G. L. Toya nell'*Introduzione* alla sua edizione critica delle canzoni del provenzale (Firenze, 1960, pp. 66-145), che analizzano con esauriente informazione i rapporti Arnaut-Dante.

Ma a guardar bene, il mutamento fra i due atteggiamenti del giudizio non è così profondo e radicale come potrebbe apparire a prima vista e a chi si limiti a notare il contrasto delle valutazioni senza fissare la propria attenzione al punto che s'è detto, l'oltranza tecnica, che s'impone come l'unica autentica zona di confronto tra le varie posizioni e come il loro effettivo discrimine. Chiamata ogni volta a questo paragone la lettura critica, trasferendosi dal piano descrittivo e della definizione diacronica del momento petroso a quello dell'interpretazione e del giudizio, s'è orientata essenzialmente in due direzioni: da un lato la lettura e la giustificazione degli elementi formali e del virtuosismo tecnico come espressione adeguata di una particolare condizione dello spirito e del gusto; dall'altro, l'affermazione del carattere astratto e formalistico della separazione di tecnica e poesia. Nel primo caso, il criterio del giudizio rimane sostanzialmente quello lirico-romantico della sincerità espressiva; nel secondo, il nodo viene sciolto nominalmente, col ricorso al concetto di poesia, che tende a riassorbire e coonestare nella sua genericità inutilizzabile il primo termine. L'oltranza tecnica e l'artificio conservano dunque in linea di principio una connotazione negativa a cui si concede una possibilità di riscatto nella misura in cui la necessità espressiva e l'ispirazione poetica intervengono a cancellarne i limiti e a rovesciarla nel suo contrario, restituendo l'artificio come espressione. Le rime petrose sembrano però resistere come un blocco compatto a una metodologia critica che si muova, esplicitamente o implicitamente, su questi presupposti;

sembrano esigere un'idea della produzione letteraria come artificio in tutta l'estensione delle sue operazioni e condizionare ad esso, nel suo significato più specifico, ogni possibilità di decifrazione del loro messaggio.

Un approccio sommario consente subito una definizione e un rilievo preliminari: l'artificio appare qui esplicitamente dichiarato, come un registro totale sul quale si giocano interamente il rischio e la scommessa dell'invenzione. Per servirci della tipologia del Frye,[2] si può dire che le petrose si collocano tra gli estremi della convenzione pura che « viene usata dal poeta solo perché è già stata usata parecchie volte nel passato e sempre nello stesso modo » (sull'asse quindi della contiguità, della tradizione e dell'abitudine formale sul quale tende a mistificarsi come naturalezza il linguaggio letterario istituzionalizzato) e l'altro del « variabile puro », precisamente nella zona che viene definita della « convenzione deliberata ed esplicita ». La segnalazione dell'artificio, ottenuta attraverso la dichiarazione programmatica e l'evidenziazione e la complicazione macroscopica ed estrema degli elementi compositivi, trasforma l'artificio stesso da dato immanente ad ogni esecuzione poetica in convenzionalità sistematica e fa di questa un'indicazione vincolante di lettura e una condizione generale dell'interpretazione. La « convenzione deliberata ed esplicita », inoltre, proprio nella misura

[2] N. Frye, *Anatomy of Criticism*, Princeton Un. Press, 1957 (tr. it. Torino, 1969, pp. 135-137).

in cui si diversifica e si pone come iniziativa nei confronti della « convenzione pura » come *habitus* e sostegno, consente una distanza e determina uno stato di autonomia di fronte ai condizionamenti assunti dalla tradizione, in tutta la loro estensione, dalle implicazioni ideologiche ai temi e alle formule, che non vengono più necessariamente recepite come enunciati e forme dell'espressione secondo una continuità sostanzialmente omogenea e solidale, ma si dispongono come materiali della strutturazione poetica, suscettibili degli sviluppi e degli sfruttamenti più aperti e meno prevedibili, dalla coincidenza all'ironizzazione allo straniamento al rovesciamento semantico. Nel caso, poi, delle petrose, le coordinate entro le quali la convenzione s'instaura si definiscono rigorosamente in termini di oltranza linguistica, metrica e stilistica; ed allora, in uno spazio preventivamente ridotto e talora minimo di libertà lessicale, metrica e, soprattutto per la sestina *Al poco giorno* e la sestina doppia *Amor tu vedi ben*, melodica, il solo scampo dall'arbitrio e dal gioco verbale sarà l'opposta estrema dilatazione delle possibilità semantiche dei dati fonici, ritmici, della parola e della frase, e il massimo di stilizzazione e di costrizione dello strumento sarà paradossalmente l'occasione per sperimentare una pienezza dell'enunciazione prima e al di qua di ogni opzione e coerenza contenutistica. E, in effetti, nulla è più lontano dalla serrata compagine delle petrose che un coerente sviluppo di eventi, o di dati ideologici e psicologici, mentre esse si costituiscono tutte intorno ai segni dell'immobilità, del contrasto o della contraddizione. È stato giustamente osservato[3] che la pura dichiarazione positiva del sentimento, l'affermazione amorosa « è . . . eminentemente ripetitiva », senza possibilità di sviluppo che non sia la posizione all'interno di essa di un'alternativa, di un termine d'incontro e di scontro. Ora, in questo canzoniere quadripartito della disperazione amorosa, lo spostamento dallo stato stilnovistico dell'affermazione o della lode d'amore a quello della negazione e della ripulsa non rappresenta tanto una variazione e uno sviluppo interno a quella dichiarazione positiva (com'è, per restare in ambito stilnovistico, nei testi dell'angoscia e dello sbigottimento del secondo Guido o di Cino, com'è in altre canzoni dantesche della lontananza o del diniego, in *Io sento sì d'amor la gran possansa*, ad es., dove l'assenza di pietà e mercede è ancora il momento di una vicenda aperta e il tempo è ancora quello storico-biografico, è successione che consente speranza di mutamento « e se merzé giovinezza mi toglie, / io spero tempo che più ragion prenda, / pur che la vita tanto si difenda »); ma è il suo opposto esatto, e ne accoglie totalmente il carattere puntiforme e ripetitivo, lo istituzionalizza nella sua forma negativa, senza possibilità appunto di sviluppo, che non sia quello del *climax* dell'enunciazione, lo blocca in una immobilità svincolata dal tempo come vicenda e successione. La dichiarazione conclusiva della stanza terza, e centrale, della prima canzone,

---

[3] Cfr. G. BÀRBERI SQUAROTTI, *Approccio (per forza di struttura) al Canzoniere del Petrarca* (pagine introduttive all'edizione del *Canzoniere*, Torino, 1968), pp. 5-6.

ché li dolzi pensier' non mi son tolti
né mi son dati per volta di tempo,
ma donna li mi dà c'ha picciol tempo

può bene essere assunta per tutte le quattro a indicazione dei due poli intorno ai quali l'invenzione si costruisce, il *tempo* e il *fatto d'amare* non riamato, e della loro divaricazione assoluta, sì che il tempo rimane vuoto d'eventi e il fatto non può risolversi in storia.

Tempo e *petra* saranno allora non solo le parole tematiche, i nuclei lirico-espressivi di maggiore incidenza, ma le fondamentali costrizioni designate, e i termini attivi dell'invenzione, i centri semantici di tutta la costruzione e le parole-chiave per la decifrazione dei testi, quando si aggiunga e si precisi che *petra* oltre a porsi come equivalente, e intercambiabile, dell'altro termine *donna* che ingloba in sé come sua segnalazione denotativa e connotativa, secondo la funzione propria e tradizionale del *senhal*, e valere quindi approssimativamente donna crudele, travalica anche questo valore semantico nell'altro dell'immobilità, della riduzione al livello minimo, minerale, di ogni possibilità di mutamento. La prevalenza del primo significato sul secondo, che segna con una certa insistenza la lettura delle petrose, non è affatto autorizzata dall'insieme dei testi e deriva evidentemente da un'influenza prevaricatoria e, per così dire, *à rebours* della quarta canzone, *Così nel mio parlar*, dove effettivamente i segni della crudeltà della donna s'accampano con particolare frequenza e dove una parvenza di caratterizzazione psicologica interviene a collocare un elemento dinamico all'interno di una situazione pensata come immodificabile, ma solo un'illusione, disperata e tragica, una frustazione di movimento, tanto più aspro e rabbioso (ed è questa nella quarta canzone tra le novità formali più esplicite ed evidenti, ma valutabile pienamente solo in rapporto all'intero sistema stilistico delle petrose) quanto più ripiegantesi perennemente su se stesso e consapevole della propria illusorietà.

Il primo dato della convenzione poetica e la prima nozione che ci viene comunicata è appunto quella del tempo, che pur nella predicazione multipla in cui si rifrange, rimane ancorato al suo più stretto significato astronomico e meteorologico, fin dalla prima stanza della canzone *Io son venuto*, sulla quale le successive si modellano non solo nelle costanti metriche ma per altre e non necessitate concordanze, nell'identità di rapporto tra scansione metrica, sintattica e concettuale e di congiunzione tra i membri della fronte e della sirma,[4] e che anticipa sul piano

---

[4] « La disposizione concettuale si modella sulla struttura metrica: ai due piedi corrispondono due periodi sintattici con due immagini cicliche, l'una a ripresa e rincalzo dell'altra (unita dalla copulativa *e* nelle prime tre strofi; nella quarta senza congiunzione, ma con eguale simmetria; nella quinta con *onde*). La sirima è anch'essa formata di due membri: il primo, di tre versi, aggiunge un periodo e un'immagine ai due piedi, sicché ha la funzione di una terza ripresa, anch'essa d'indole descrittiva. E invece il settenario, che rompe l'uniformità della triplice terna d'endecasillabi, tramuta i valori del paesaggio nei sensi della intimità passionale », a questa lucida analisi metrica di S. BATTAGLIA (*Le rime petrose e la sestina*, Napoli, 1964, pp. 75-76) si può solo aggiungere, a ribadire la fitta simmetria della canzone, che il settenario-chiave della sirima è in tutte le strofe introdotto dalla congiunzione *e* (copulativa-avversativa).

della struttura armonica, dalla compagine strettissima, in forme meno immediatamente avvertibili quell'oltranza tecnica che nelle due sestine avrà i suoi segni più vistosi nella iterazione fonico-lessicale della parola-rima. Dal tempo, dunque, come situazione e congiunzione astronomica nella prima stanza, al tempo come dato meteorologico nella seconda, del mondo animale nella terza, vegetale nella quarta, minerale nella quinta, sino alla tornata dove nel marmo-pietra del cuore della donna la canzone si conclude e scopre la sua immobile radice, secondo una scala che segna e ripercorre, come giustamente è stato osservato,[5] la gerarchia discendente della creazione. In questo, come negli altri testi, il tempo è designato per ampi quadri ora strutturati con analitico vigore (« Io son venuto al punto de la rota » I°, st. 1; « Levasi de la rena d'Etiopia » ivi, st. 2; « Versan le vene le fummifere acque » ivi, st. 5), ora sommariamente abbozzati (« Al poco giorno e al gran cerchio d'ombra » II°, st. 1; « Segnor tu sai che per algente freddo » III°, st. 3); o per particolari preziosi (la « bianca falda / di fredda neve » e la « noiosa pioggia », il silenzio degli uccelli che non migrano e che « han posto alle lor voci triegue / per non sonarle fino al tempo verde » di ascendenza arnaldiana, i morti « fioretti per le piagge », nella prima canzone; il « perdersi del color ne l'erba », il « bianchir de' colli » e il loro « tornar di bianco in verde » e ricoprirsi « di fioretti e d'erba » nella sestina; le va-

[5] Cfr. P. Renucci, *Dante*, Paris, 1958, p. 69.

riazioni perifrastiche in cui il « sempre » si sdoppia: « di notte e di luce » e « per lo tempo caldo e per lo freddo » in *Amor tu vedi ben*, « nel sol quanto nel rezzo » nell'ultima canzone); ma tutte codeste notazioni temporali vengono a sovrapporsi l'una all'altra, in una segmentazione acronica che non si dispone secondo la successione organica, che non conosce durata. Il tempo delle petrose si colloca tutto, sin dall'inizio, tra le coordinate esplicitamente enunciate nella quinta fondamentale strofa della sestina doppia che s'apre sulla « vertù che se' *prima* che tempo » e si conclude in una condizione proiettata dopo il tempo, « per non levarmi se non *dopo* il tempo »; è un analogo del reale ultimo che queste definiscono, dal quale riceve le connotazioni senza attingerne i contenuti: è dunque vuoto tempo escatologico, che abolisce il divenire e si fa antagonistico ad ogni possibilità e tentativo di storia. *Prima* e *dopo*, le fondamentali e specifiche congiunzioni della successione temporale, che qui non intervengono mai a metterla in atto, dislocate invece paradossalmente a segnalare l'« altro » dal tempo, l'eterno, sono la spia semantica minima di questa condizione dell'invenzione. Ogni diacronia, ogni abbozzo di descrizione o racconto, sia sul versante psicologico, sia su quello degli accadimenti esterni, appaiono nelle petrose immediatamente bloccati, ribaltati nell'enunciazione oggettiva, tra « perifrastica e metaforica »[6] (e qui soccorre ancora, nel profondo, la lezione di Ar-

---

[6] Cfr. G. Contini, D. A. *Rime*, Torino, 1946 (comm. introduttivo a *Al poco giorno*).

naut) aperta solo a soluzioni, talora nettissime, di continuità. In questo rifiuto ad appoggiare l'invenzione al sostegno del *continuum* della psicologia o degli eventi, in questa segregazione rigorosa da ogni fenomenologia empirica si può ravvisare una delle possibilità liberate dalla qualificazione dichiarata ed esplicita che l'artificio assume nelle petrose, dalla loro convenzionalità sistematica che, svincolata dall'opposta convenzione della psicologia e della storia, inventerà le sue strutture significanti sulla spinta e nei limiti di una predisposta oltranza tecnica, in un gioco di rime, ad es., e per citare l'esempio più grosso della sestina doppia, che « sfuggirà ai processi evocativi e tenderà a provocare sintatticamente, e però razionalmente, sempre nuovi " concetti " »,[7] come giustamente è stato scritto, attribuendo però forse troppo nettamente un segno negativo a quella che è soprattutto una programmatica e compiuta qualificazione stilistica, ché proprio nell'interruzione dei processi evocativi si può riconoscere una delle funzioni primarie e intenzionali dell'artificio delle petrose.

Questo rifiuto e questa segregazione rappresentano ancora un momento assolutamente decisivo della sperimentazione e della conoscenza poetica nell'itinerario dantesco. Il tempo tornerà a colmarsi di fatti e la storia ritornerà ad essere oggetto di poesia quando, nella *Commedia*, l'invenzione poetica avrà attinto un vertice al di là, appunto, di ogni divenire, e la divaricazione di realtà e di storia sarà

---

[7] G. CONTINI, *op. cit.*, comm. introd. a *Amor tu vedi ben.*

acquisita non solo sul piano concettuale, ma della costruzione fantastica e dell'organizzazione stilistica, quando, insomma, il ritorno non sarà *alla* storia, ma *sulla* storia. Basterà rileggere quegli attacchi, « Io son venuto al punto de la rota », « Al poco giorno ed al gran cerchio d'ombra / son giunto » e quell'altro *incipit* « Nel mezzo del cammin di nostra vita / mi ritrovai [. . .] » per cogliere, al di là delle analogie di superficie, una diversità che fa sistema: nei primi il presente della situazione immodificabile, nel secondo il passato di una vicenda da narrare; là un tempo astronomico, astorico, qui una storia, il tempo della memoria e degli annali; là (« io son venuto » « son giunto ») la presenza esclusiva del soggetto, qui l'intreccio solidale della vita del singolo con la « nostra vita »; là infine una segnalazione cronologica tutta costruita su dati fisici che pur s'apre velatamente al senso figurato, a una possibilità di dislocazione e accrescimento metaforico (e basti quel verso « e la stella d'amor ci sta remota ») ma a un livello immanente e laicale; qui un'indicazione fittissima di mediazioni sacrali e profetiche.

La rappresentazione del tempo nelle petrose richiede però, accanto alla connotazione negativa ch'essa riceve nell'opposizione ed estraneità al fatto d'amore, qualche ulteriore approssimazione: c'è in esse, anzitutto, una ricchezza e un fervore di sapienza scientifica che sembrano anticipare, ed è osservazione acquisita e diffusa, le grandi definizioni e aperture astronomiche della *Commedia*, e qui, soprattutto, nella prima canzone, articolate con agio da gran dittatore, sulle fonti dei « regulati poete » e di quelli che « usi sunt altissimas prosas », Virgilio, Ovidio, Seneca e più dettagliatamente Lucano; e questo aspetto già gli studi hanno messo in luce sia come momento del tirocinio retorico sia come « risultato di una stagione di studi che aveva già dato frutti diversi nelle dottrinali »; [8] c'è, anche, un'idea e figurazione del tempo come ciclicità invariabile che subito s'impone sin dall'esordio di *Io son venuto*, ritorna in quello di *Al poco giorno* e permane costante in tutto lo sviluppo delle petrose: in quei due movimenti iniziali la vicenda biografica (« io son venuto » « son giunto ») è subito rappresa e rapportata a una rivoluzione d'astri e a un mutar di stagioni che non sono avvertiti come coincidenze accidentali [9] e variabili ma come eterno ritorno, come ritmo cosmico figurato nel gelo e nella neve, nel verde e nell'erba, gli emblemi dell'inverno e della primavera. Per questo secondo aspetto le petrose indicano una tensione opposta a quella che si muove nella direzione del descrivere ampio e articolato esemplato sui grandi modelli classici, e rivolta piuttosto, al di là della funzione esornativa o immediatamente lirico-simbolica della stagione e della natura domi-

---

[8] Cfr. E. FENZI, *Le rime per la donna Pietra*, in *Miscellanea di studi danteschi*, Genova, 1966, p. 243 (ma tutto il saggio del Fenzi si segnala come il più ampio e penetrante dedicato al tema, arricchito da una esauriente bibliografia ragionata).

[9] In *Io son venuto* si può osservare come il tempo biografico (reale e/o fittizio) si costituisce totalmente come tempo della composizione; non solo estrinseca datazione, né generico spunto, ma *data di composizione*, letteralmente: non quindi elemento lirico ma strutturale dell'invenzione.

nanti nell'ambito stilnovistico, a una concezione figurativa che s'incontra con la tradizione iconografica e letteraria dell'età romantica, con la stereotipia metafisica del tempo con le sue alternanze di giorni e di notti, di gelo e di caldo, di « dolce tempo » e di « algente freddo » tutte predeterminate in un ritmo che ripete nella sua ciclicità l'ordine cosmico della creazione [10].

L'area romanica che qui si segnala non vuol essere una semplice suggestione figurativa, né una

---

[10] Patrick Boyde (nel suo recente ricchissimo studio *Dante's Style in his Liric Poetry*, Cambridge, 1971), rilevando analogie e novità della canzone *Io son venuto* in rapporto a forme e modelli della tradizione, scrive: « . . . the winter opening in itself is not new, nor is its use as a contrasting theme. It is not new, as such, to make a *whole* poem out of an extended description of winter, followed by the contrasted description of the lover's state: a well known Latin poem of the twelfth century, *De ramis cadunt folia*, contains in miniature nearly all the elements of Dante's poem (per la st. I: " nam signa coeli ultima sol petiit ". St. II: " est inde dies niveus, nox frigida ". St. III: " et avis bruma leditur, et philomena ceteris conqueritur . . . ". St. IV: " nec prata virent herbida ". St. V: " modo frigescit quicquid est "; per la ripresa: " sed solus ego caleo "). But the structure of the poem is nevertheless quite original, for Dante gives us not *one* extended description of winter but *five*: each stanza is a " winter opening " and contrast, apparently complete in itself » (p. 298).

La peculiare caratteristica della canzone dantesca è dunque nel rifiuto di uno sviluppo successivo del tema « inverno », nell'annuncio ogni volta della stessa situazione, secondo uno schema della ripetizione ciclica e dell'immobilità; e anche nella perifrasi astronomica della prima stanza, che non ha precedenti nella poesia volgare (v. p. 299) e che è spia di un processo di oggettivazione cosmica della descrizione che consentirà, al di sotto del tema del contrasto, l'instaurazione di una fondamentale analogia tra vicenda del tempo e vicenda della passione amorosa elevata al livello di quella oggettività.

generica e inutilizzabile metafora critica, ma la rilevazione di una componente importante dell'invenzione dantesca che nelle petrose si precisa con singolare evidenza soprattutto, ma non esclusivamente, in relazione alla concezione e rappresentazione del tempo. La prima stanza di *Io son venuto* fornisce a questa rappresentazione il primo energico condizionamento che, per altro, nelle successive, per la mediazione appunto delle letture e dell'esercizio retorico condotti sui classici, s'apre a uno sviluppo descrittivo e a un'organizzazione stilistica ampi e complessi, dove una capacità di *compositio*, sostanzialmente estranea agli *antiquiores doctores* della poesia romanza,[11] fa le sue grandi prove; ma nelle due sestine il criterio compositivo sposta sensibilmente il suo asse nell'ambito romanico della *venustas*, del particolare prezioso isolato, della variazione elegante all'interno di motivi, temi e *topoi* o già altamente convenzionalizzati o comunque sottoposti qui a un processo di costante iterazione: per il tempo, l'inverno e la primavera; ma, ancora, la ghirlanda d'erba, la virtù della pietra, il servizio cortese, la paura del rivelarsi del pensiero d'amore, il tema della pastorella ridotto a essenziali reminiscenze lessicali con una loro corrispondente e novissima contrazione spaziale:

m'ha serrato intra piccioli colli
più forte assai che la calcina petra

---

[11] Cfr. A. Jeanroy, *La poésie lirique des Troubadours*, cit., ii, pp. 113-116.

Ond'io l'ho chesta in un bel prato d'erba
innamorata com'anco fu donna
e chiuso intorno d'altissimi colli.

Siamo quindi ancora ricondotti, per questi rilievi, ai caratteri d'artificio e di convenzionalità come costitutivi delle petrose in tutta la loro estensione e alla necessità di individuare esclusivamente per il tramite di questi caratteri il loro significato e valore. Sarebbe infatti veramente un grosso abbaglio interpretare la dichiarazione d'autore circa la « novità [. . .] che non fu mai pensata in alcun tempo » della sestina doppia e, per estensione, dell'intero gruppo che veramente si presenta con la baldanza d'un tentativo e d'un risultato eccezionali, come diversità e scarto dalla tradizione, quando quella novità si costituisce invece oggettivamente come grado estremo mai prima attinto di sfruttamento e di complicazione tecnica di tutto un patrimonio di tradizioni formali e di abitudini compositive.

Se si tiene presente, per concludere questi pochi cenni intorno alla componente romanica delle rime petrose, quanto con estrema precisione e ricchezza di documentazione ha scritto Zumthor a proposito dei *registres d'expression*, e cioè che la loro stessa strutturazione formale ottiene di isolare e fissare la situazione originaria, reale o fittizia, di sottrarla alle fluttuazioni dell'esperienza, saturandola di una potenza significativa tanto più universale quanto più astratta,[12] si può riconoscere una non generica analogia

---

[12] P. ZUMTHOR, *Langue et techniques poétiques a l'époque romane*, Paris, 1963, pp. 153-154.

nel risultato raggiunto appunto dalle petrose di sottrarre la situazione alla contingenza delle vicende non per la via dell'idealizzazione mistica e sentimentale, ma per quella dell'oltranza tecnica, della formalizzazione estrema, soprattutto nella costrizione e iterazione fonico-lessicale. Che questa formalizzazione, con quel tanto di nuovo e di « intentatum » che essa possiede, si eserciti su una situazione rovesciata rispetto a quella che rappresenta la convenzione dominante della tradizione stilnovistica e anche radicalmente diversa nei confronti di quella che affiora nei testi del modello provenzale, non vuol affatto significare che essa è da questa situazione in qualche modo provocata e caratterizzata, che sarebbe arbitrio filologico e tautologia critica inutilizzabile, ma sta a significare anzitutto che nella carriera letteraria di Dante non c'è svolta nella sperimentazione stilistica che non sia anche una nuova maniera di esplorazione conoscitiva, che non c'è novità organica d'artificio senza novità di visione delle cose. La prospettiva dovrà se mai essere capovolta e il discorso considerare come elemento primario e determinante la convenzione formale; il rifiuto di una stilizzazione affidata ai sostegni topici dell'idealizzazione stilnovistica o a quelli opposti della sistematica degradazione comica che ha il suo esemplare nella tenzone con Forese (che non conosce invenzione metrica e si ritrova a suo agio nella stereotipia del sonetto), la identificazione di altri strumenti nella « repercussio rithimorum », nella « equivocatio » e nella « verborum asperitas » e nella totalità per la quale tali dati non si affiancano arbitrariamente, ma reciprocamente si rapportano e giustificano e fanno sistema, nella complicazione metrica e nella riduzione delle possibilità fonico-lessicali con la conseguente e progressiva altissima frequenza d'iterazione, è all'origine di un processo di strutturazione diretto a ritornare incessantemente sui suoi elementi caratterizzanti, a servirsene per eccesso in una sorta d'invenzione linguistica e fantastica ogni volta ossessivamente richiamata, per forza di struttura, alle sue origini e ai suoi condizionamenti iniziali, destituito di ogni possibilità di organico sviluppo, di movimento che non sia immediatamente contraddetto ed eluso. Tale processo provoca incessantemente la situazione « petrosa », la sua immobilità negativa, scoprendo un sistema novissimo di rapporti e analogie tra i piani del linguaggio, della psicologia e della visione della natura e del tempo; ed è facile constatare come con la progressiva intensificazione dell'oltranza tecnica e dello sfruttamento di quegli strumenti, dalla fermissima e complessa simmetria metrico-sintattico-semantica della prima canzone, con la spia e il presagio dei distici conclusivi d'ogni stanza già in parola-rima, alla sestina e soprattutto da questa alla sestina doppia, si ribadiscano con sempre più strenua energia i caratteri propri di quella situazione senza sostanziali innovazioni, ogni iniziativa ed invenzione essendo rintracciabile sul versante della progettazione metrica e lessicale. L'altra parola-chiave, dunque, *petra*, prima che un dato psicologico starà a designare un condizionamento preventivo dell'invenzione che istituisce nuove possibilità di conoscenza e di rapporto con il reale. L'area semantica della costanza e dell'immobilità, che essa determina, s'accampa allora in primo piano, sormonta quella della crudeltà e della durezza e consente ora di cogliere, al di qua della divaricazione che essa segnala fra il tempo e il fatto d'amore, una sostanziale corrispondenza e solidarietà, che tocca ormai l'ontologia, fra i due termini, sottratti, per quella divaricazione, alle fluttuazioni dell'esperienza. In *Io son venuto* il rapporto fra questi termini si definisce con immediata evidenza come opposizione della natura invernale nelle sue trasformazioni all'ardore e all'immutabilità dell'amore del poeta:

> e però non disgombra
> un sol penser d'amore, ond'io son carco
> la mente mia [...];

ma intrecciato, o meglio sottostante, al tema dell'opposizione sta quello meno evidenziato ma ben più decisivo della corrispondenza cosmica che, come è stato acutamente visto e descritto, si esprime nella violenza che congiuntamente trasforma e colpisce la natura e il poeta nella quinta stanza, nel moto che « dall'Etiopia si propaga splendidamente sin entro i pensieri d'amore » nella seconda, nel comune soggiacere degli animali e del poeta a una vicenda alterna di gaiezza amorosa e di disamorata tristezza che s'appoggia per gli uni al ritmo prevedibile della natura e, per l'altro, all'apparizione imprevedibile e destinata della donna « c'ha picciol tempo » nella terza, e in più brevi e segreti momenti nelle ultime due stanze, dove non si può negare una « forte analogia tra gli alberi spogliati della " stagion fredda ed acerba " e la " crudele spina " d'Amore, tra il

" grande assalto " dell'inverno, che indurisce la terra e l'acqua, e la " guerra " che il poeta sostiene »;[13] ma soprattutto s'esprime nella consapevolezza che le vicende della natura e la situazione del poeta appartengono a uno stesso ordine che nella laicale cosmicità delle petrose ha tutti i caratteri della fatalità. Quella « e », dunque, che apre il verso chiave d'ogni sirma e introduce alla seconda volta che è il luogo invariabilmente destinato a dire lo stato del poeta e la diversità, mi pare conservi insieme, in pregnante ambiguità, il riconosciuto valore avversativo[14] e l'altro, opposto, di correlazione, a significare indisgiungibilmente una situazione, al livello più immediato, di opposizione e, al livello più profondo, di cosmica affinità.[15] Ma su questo tema, del rapporto uomo-natura, un'altra è la conquista più ardua e importante che le petrose annunciano, che s'articola e complica sul doppio registro dell'opposizione e dell'analogia: uno sfondamento prospettico nei rapporti con i dati del reale che non solo travolge e attraversa lo sfondo tradizionale della natura stilnovistica, istituendo una molteplicità di piani, ma anche determina un rovesciamento del rapporto analogico normale della tradizione lirica cortese.[16] Il termine attivo di

---

[13] Cfr. E. Fenzi, *op. cit.*, pp. 255-257.

[14] Cfr. G. Contini, *op. cit.*, p. 150.

[15] Questa è l'opinione anche del Fenzi (*op. cit.*, p. 259), che tende però a sfumare i termini dell'ambiguità, mentre mi pare che debbano essere entrambi energicamente sottolineati appunto nella loro diversità.

[16] L'osservazione, di cui si tenta qui un allargamento e uno sviluppo, è fra le più importanti del saggio del Fenzi (*op. cit.*, p. 258).

riferimento e di misura non è più il soggetto e la sua condizione o vicenda sentimentale, ma la natura e le sue oggettive, astronomiche meteorologiche zoologiche vegetali e minerali metamorfosi. Anche qui Arnaut fornisce spunti e soluzioni tecniche, con la costante e peculiare capacità di tradurre la qualità e il grado dell'ardore amoroso inedito in un repertorio di « correlativi oggettivi » che attingono a realtà di estrema evidenza fisica, introdotte nel discorso poetico senza alcun processo di straniamento metaforico, capaci anzi di interrompere e ironizzare con la loro autonoma consistenza e imprevedibilità le abitudini topiche di un linguaggio letterario altamente istituzionalizzato. Ma quel che nel provenzale è ancora soluzione per così dire locale, frequente ma frammentaria, acquista nelle petrose una maggiore responsabilità, l'invenzione s'attenua in rilievo e novità e tende almeno a costituirsi come paradigma per il quale la vicenda individuale viene commisurata e convalidata sul metro della vicenda cosmica, intraprendendo una sua metamorfosi da episodio liricizzabile in destino, in valore e disvalore.[17] Il rapporto

---

[17] E non solo la vicenda biografica, ma anche intellettuale e di poetica, se è vero che uno dei capisaldi del codice di Gualtieri (quello dell'*Amor che a nullo amato* che tornerà sulle labbra di Francesca) viene qui contraddetto sul termine di confronto dei fatti naturali, sull'ἀδύνατον dei fiumi:

> Ma ben ritorneranno i fiumi a' colli
> prima che questo legno molle e verde
> s'infiammi come suol far bella donna
>
> (*Al poco giorno*, vv. 31-33)

secondo un procedimento che diventerà normale nei momenti più tipici della poesia dell'intelligenza nella *Commedia.*

stagione dell'anno-situazione amorosa, la coppia tempo-pietra, e il momento della loro opposizione trovano qui, in questa sottostante analogia, la loro motivazione di fondo. Se non è più una convenzionale primavera a costituire lo sfondo della vicenda e a simboleggiare il fervore e la dolcezza d'amore, ma s'accampano in primo piano neve, pioggia, freddo, il gran cerchio d'ombre, l'inverno e i nomi della sua glaciale estraneità, non è appunto per l'esigenza lirico-soggettiva di trovare un immediato rispecchiamento di un particolare stato d'animo, ma perché il poeta vuole sin dall'inizio istituire una situazione d'urto e di contrasto, necessita di una resistenza assoluta che impedisca ogni facile sviluppo narrativo e fantastico e determini uno stato antagonistico che pareggi i livelli del soggetto e dell'oggetto e conferisca al primo la stessa consistenza del secondo.

S'innesta a questo punto il discorso, probabilmente il più equivoco e complesso, sul « realismo » delle petrose; e l'attenzione è spinta allora vistosamente sulla quarta canzone, *Così nel mio parlar*, che si colloca sulla linea delle altre per la programmatica oltranza tecnica, ma da esse poi si distingue per una struttura ritmicamente e sintatticamente più sciolta e variata rispetto alla puntigliosa costanza della prima canzone, metricamente più mossa e articolata che nelle due sestine, fissando gli elementi essenziali del suo artificio compositivo nell'uso delle *rimas caras* e nella *rithimorum asperitas*, in una costrizione, cioè, di natura fonica che, paragonata a quella estrema e di natura lessicale della sestina e della sestina doppia, consente di agire in un'area semantica decisamente più ampia. Ma proprio la tendenza a rapportare eccessivamente e quasi esclusivamente il discorso sul realismo alla quarta canzone, la più carica di violenza rappresentativa, può nascondere un equivoco di fondo: la verifica e la commisurazione di tale realismo alla stregua delle capacità mimetiche dello stile o della fisica evidenza delle immagini e delle cose, tanto più « realistiche » quanto più corpose o, come vichianamente s'usava dire, « corpulente », con un passaggio immediato dal piano dell'artificio e dell'organizzazione stilistica a quello dei dati della realtà empirica, illegittimo in via di principio e radicalmente alieno dalla poetica medievale del *dittare* e tanto più da questo Dante, che è il più dichiaratamente convenzionale nell'ambito delle *Rime*. In realtà quest'impressione di realismo nasce anzitutto dal riscatto del linguaggio da ogni subordinata funzione descrittiva o mimetica, è un risultato dell'enunciazione assunta come un *primum* di fronte alla vicenda e alla situazione e che sormonta per eccesso di energia la quantità dell'enunciato. A questo esito eccezionale, e il più gravido di sviluppo, a questo travalicare del significante sul significato, sembra accennare chi ha parlato di una « fantasia che coagula in cose ed azioni senza esaurirsi, senza appagarsi in esse, quasi a significare solo se stessa nella sua instante travolgente tragicità »; [18] e ha visto bene chi ha ravvisato il « nucleo vitale della formula petrosa . . .

[18] Cfr. E. Fenzi, *op. cit.*, p. 272 (che nell'analisi, acuta e nuova come per le altre, di *Così nel mio parlar*, indulge un poco a valutazioni di tipo mimetico-rappresentativo).

essenzialmente in una violenta traduzione plastica delle entità, e conseguentemente, in una loro forte attivazione »; [19] solo, non bisognerà ancorarsi unilateralmente a questa « plasticità » e cogliere la effettiva direzione e il senso del processo che non muove semplicisticamente dall'astratto al concreto, quasi quest'ultimo goda, per diritto naturale, di una particolare dignità poetica, ma piuttosto da un discorso governato dalla coerenza dottrinale o psicologica o descrittiva a un altro incessantemente provocato e determinato da un esperimento di dizione totale ed esaustiva, senza spazio di risonanza e d'allusività, e perciò, nell'ambito ancora breve della canzone, tentato su un solo registro, quello del « parlar aspro ». A questo processo sembra opporsi la dichiarazione iniziale della canzone: « Così nel mio parlar voglio esser aspro / com'è ne li atti questa bella petra » che mentre comunica esplicitamente una scelta stilistica, e indica programmaticamente la qualificazione dell'artificio, sembra anche instaurare una poetica della mimesi linguistica, dell'adeguazione; ma basterà osservare l'immediatezza – con quella strettissima giuntura e rapida transizione del relativo (« la quale ognora impetra ») – con cui la figura dell'antagonista-donna s'accampa ad occupare tutto lo spazio del discorso nella prima stanza per poi ingranarsi con le metamorfosi dolorose e la vociferazione del protagonista in un moto incessante per tutte le successive,

---

[19] Cfr. L. Blasucci, *L'esperienza delle petrose e il linguaggio della « Divina Commedia »*, in *Studi su Dante e Ariosto*, Napoli, 1969, p. 2.

perché quest'impressione si dissolva. Quella dichiarazione programmatica non significherà allora un'adeguazione formale a un oggetto o evento o stato, ma una preventiva decisione stilistica, dalla quale una certa realtà viene evocata e per la quale prende corpo e consistenza e fittizia credibilità. La distanza fra i due termini del paragone è subito abolita, e così anche il progetto di corrispondenza del dire al fatto; ogni iniziativa si trasferisce, inclusivamente, sul piano della strutturazione stilistica,[20] e l'asprezza degli atti della « bella donna » da oggetto di descrizione e criterio di commisurazione passa a definirsi totalmente nella sua realtà fenomenica come motivazione dell'artificio. La potenza rappresentativa del linguaggio, proprio per quella tensione verso una dizione totale ed esaustiva di cui s'è detto e per il suo sistematico sopravanzare in eccesso l'assunzione realistico-biografica, fornisce allora un più di realtà che qualifica appunto il realismo della quarta petrosa come almeno tendenzialmente visionario. Anche quella formula dell'« adequar rima » nel v. 21 (« e 'l peso che m'affonda / è tal che non potrebbe adequar rima ») al di là del senso letterale e dell'uso topico dell'inadeguatezza del dire al fatto, segnalerà, nel contesto della canzone, il sormontare dell'energia verbale e di una violenta « demiurgia linguistica »[21] sulle normali

[20] Per questo Contini (*op. cit.*, p. 165) ha potuto parlare di una « conversione del contenuto nella forma » affermata fin dal primo verso.

[21] La formula è di L. Blasucci, che ne fa una bella analisi, dalle petrose alla *Commedia*, nel suo saggio *L'esperienza delle petrose* ... cit.

risorse del rimatore, indicherà quell'energico spostarsi dell'asse compositivo ed espressivo dallo sfruttamento delle funzioni connotative dello stile a uno sfruttamento delle possibilità denotative della lingua, del *parlar*, ma svincolate da un uso prevalentemente evocativo e mimetico, pronuncia definitoria e accrescitiva del reale, che sarà una delle componenti fondamentali del linguaggio visionario del poema. A questo punto non si pecca di teleologismo critico se si concede a quella che Contini chiama « l'ossessione della *Commedia*, nell'animo dell'esegeta delle *Rime* » tutto il valore di indicazione euristica *a posteriori* che pur possiede come canone nel quale « si vede placato il travaglio esplorativo di Dante e il furore dell'esercizio ».[22] Bisognerà piuttosto, a bilanciare la spinta in avanti, notare come nell'ultima delle petrose precipitino e s'esaltino alcuni dei comportamenti linguistici più vitali e caratterizzanti delle rime dantesche. Si può sottolineare subito, fra questi, per una prima verifica di quello spostarsi dell'asse compositivo ed espressivo, la frequenza minima dell'epiteto che caratterizza anche nell'ambito stilnovistico la poesia minore di Dante, e che nelle altre petrose, soprattutto nelle due sestine, raggiunge una conferma vistosa, mentre in *Così nel mio parlar* l'uso dell'epiteto stesso è quasi totalmente destituito delle funzioni proprie del discorso lirico, del carattere retorico-connotativo della ridondanza, per assumere una funzione energicamente definitoria.[23] La demiurgia lin-

[22] Cfr. G. Contini, *op. cit.*, p. xxiv.

[23] In cinque soli casi, per tutta l'estensione della canzone, l'epiteto appare segnato dalla ridondanza retorico-connotativa:

guistica e il realismo visionario della quarta canzone, quando correttamente non si limitino agli esiti di più esasperata violenza e fisica evidenza, presuppongono per molti altri lati l'esercizio delle precedenti petrose. Così, per suggerire qualche spunto, in *Io son venuto* la determinazione di un tempo ciclico che non conosce successione e durata, e perciò vuoto d'eventi, in antitesi a una situazione che non può risolversi in storia, istituisce le coordinate per un'invenzione che non potrà, radicalmente, farsi racconto, ma solo vociferazione e accumulazione ossessiva di varianti per una condizione ultima, escatologicamente negativa, dell'esistenza, senza possibilità di compimento né di moralizzazione.

In questa canzone, al probabile inizio delle petrose, è il primo incontro e l'immediata differenziazione dal modello provenzale. In *Quan chai la fuelha*, a cui l'avvio di *Io son venuto* visibilmente si rapporta, mentre il freddo s'inasprisce e il gelo domina ovunque, il poeta non può raggelarsi perché un'*Amors novela* gli rinverdisce il cuore; ma quanto nel provenzale è diversità e gioiosa e privilegiata situazione sentimentale diventa subito in Dante cosmica disarmonia che consente all'invenzione, privata del soccorso di empiriche analogie, di raggiungere rapidamente e sempre più a fondo nell'arco delle petrose

al v. 2 (« com'è ne li atti questa *bella petra* »), al 22 (« Ahi *angosciosa* e *dispietata* lima »), al 58 (« questa scherana *micidiale* e *latra* »), al 66 (« S'io avessi le *belle* trecce prese ») e all'ultimo (« ché *bell'*onor s'acquista in far vendetta »); e di questi, tre soli significativi, perché nel primo caso e nell'ultimo l'aggettivo, *bello*, ha valore rispettivamente di semplice designazione convenzionale e di proverbiale sentenziosità.

le radici ontologiche dell'esperienza erotica, dell'« amoris accensio », sino all'appello, qui non esornativo e topico, alla « vertù che se' prima che tempo / prima che moto o che sensibil luce », al di qua di ogni psicologismo e sublimazione, in un arretramento rispetto all'idealizzazione stilnovistica che è in realtà un approfondimento della conoscenza e sperimentazione poetica: la donna appare spogliata dei tradizionali attributi cortesi della virtù e del pregio che la caratterizzano appunto anche nei versi di Arnaut, non ha altra virtù che quella della pietra qui intesa come irresistibile potenza e contrapposta al « topos » della pietra che sana, non ha altra caratterizzazione che quella della gioventù e della bellezza, oggetto del desiderio, termini immobili del possesso e del rifiuto.[24] La vicenda, allora, si sottrae alle contingenze temporali (« e la stella d'amor ci sta remota / [. . .] e però non disgombra / un sol penser d'amore [. . .] »; « e Amor che sue ragne / ritira in alto pel vento che poggia / non m'abbandona [. . .] » I°) e non conosce altro evento che quello collocato nel tempo dei novissimi, letteralmente; « perch'io son fermo di portarla *sempre* / ch'io sarò in vita, s'io vivesse *sempre* » I°, « per non levarmi se non *dopo il tempo* » III°.

---

[24] Un'indagine ispirata ai criteri dello strutturalismo psicanalitico potrebbe facilmente ripercorrere, nell'arco delle petrose, un itinerario esemplare che dall'organizzazione dell'inacessibilità dell'oggetto propria della tecnica inventiva dell'amore cortese giunge sino alla costituzione, nella quarta canzone, di un oggetto ossessivo, di illimitata crudeltà.

(Sul tema, alcuni spunti sistematici fornisce M. SAFOUAN in *De la structure en psycanhalise*, in *Qu'est-ce que le structuralisme?*, Paris, 1968, pp. 263-265).

Ancora, quella che è stata sottolineata come invenzione peculiare della poesia arnaldesca, il carattere privatissimo e chiuso dell'esperienza amorosa, i momenti di questa esperienza come « parte di un *curriculum* che ha un valore tutto personale » con la conseguente possibilità di « inventare via via la propria storia, che non deve nulla a rituali astratti e impersonali » [25] e nella quale il poeta continuamente si ritrova come protagonista, nelle petrose ritorna e viene ribadito; ma quel che nel provenzale è eccezione e singolarità, e perciò psicologica aristocrazia, qui diventa solitudine tragica e quel che perde in storia e notizie private acquista in definitività. La situazione, dunque, è di solitudine non per i suoi caratteri di diversità ed eccezione ma perché sono messe in gioco le sorti ultime, ora dichiarate con esplicita violenza ed evidenza, ora nelle litote delle variazioni e dei prestiti preziosi, portando così al limite una linea di meditazione poetica che ha il suo nodo centrale nella cavalcantiana *Donna me prega*; [26] di qui, per questa collocazione al limite, l'impossibilità di una coerenza psicologica e narrativa, la frustrazione d'ogni discorso etico, l'antitesi tra gentilezza e crudeltà, odio e amore, gli ossimori come « gentil petra » « martiro dolce », le oscillazioni tra « baldanza » e degradazione vitale, (altrettante contraddizioni locali che nell'ambito complessivo delle petrose fanno sistema), l'affiorare degli archetipi fondamentali

---

25 Cfr. E. Fenzi, *op. cit.*, p. 249.

26 Si vedano in proposito le osservazioni di S. Battaglia, *op. cit.*, pp. 69-70.

di *Eros* e *Thanatos*, l'estrema ambiguità e, in ultima analisi, la possibilità che sempre si ripropone di una lettura antifrastica. Il realismo di queste canzoni è dunque animazione di una realtà che non obbedisce alla coerenza interna d'una storia e d'una situazione, ma a una logica almeno tendenzialmente visionaria, che nella quarta canzone trova la sua manifestazione più evidente e piena. In questa logica si genera quell'impressione di realismo che se s'appunta sul risultato di energica fisicizzazione degli stati d'animo, non è però l'effetto del pacifico passaggio dall'astratto al concreto, ma dell'abolizione della separazione tra visibile e invisibile nell'identificazione visionaria. Si veda ancora, in *Così nel mio parlar*, per un'esemplificazione, l'unico riferimento letterario esplicito, l'accenno alla spada ond'« Amore uccise Dido » (che qui compare per la prima volta nella poesia dantesca, in rima con grido, come sarà nel V dell'*Inferno*). È chiaro che non si tratta di citazione preziosa o del semplice ricorso a un « topos » illustre di passione amorosa, nemmeno di una similitudine esplicativa (come pur avviene per altri casi di citazione in altri luoghi delle rime dantesche) né di una prosopopea simbolica della potenza d'Amore, ma del risultato d'un processo d'identificazione, ché la spada che sta finendo il poeta non è un analogo ma è la stessa che uccise Didone: si assiste qui, sia pure in un esempio e a un livello minimi, a un'indistinzione dei piani, a un'eliminazione delle distanze della tradizione storica e letteraria che consentono di prelevarne i dati e collocarli in uno spazio acronico e che implicano quella separazione della nozione di realtà dalla nozione di storia e di evento verificabile che è appunto condizione ed effetto della disposizione visionaria. L'analisi delle forme secondo le quali questo realismo visionario presuppone e insieme determina un comportamento linguistico demiurgico che s'esercita sullo stesso mezzo espressivo svincolato da un preconcetto reale storico-empirico da descrivere e rappresentare, spingerebbe l'indagine troppo oltre le petrose; ma che esse esigano l'impostazione almeno iniziale della questione è l'indizio più sicuro della loro importanza nella carriera poetica di Dante e la ragione essenziale del loro esplicito ritorno e della loro memorabilità all'interno del tessuto linguistico del poema, sia pure con l'avvertenza che « innanzi ai " frammenti " di poesia petrosa che s'articolano nella *Commedia* . . . l'ispirazione delle petrose appaia, essa, radicalmente " frammentaria " ».[27]

Al di qua, comunque, dell'esito visionario in cui tale demiurgia linguistica s'appunta, è possibile ancora rintracciare nelle petrose, e proprio nei dati più vistosi dell'artificio, gli strumenti attivi che concorrono a provocarne la sperimentazione più energica nell'ambito delle *Rime*, e che ha le sue anticipazioni sparse ma forse più significative nelle zone di più scoperto esercizio guittoniano. Si pensi, anche qui per suggerire solo uno spunto, alla convenzione più macroscopica delle due sestine, alla « equivocatio » della parola-rima, che secondo l'affermazione di Dante stesso nel *De vulgari eloquentia*[28] sottrae sempre qualcosa

---

[27] Cfr. G. CONTINI, *op. cit.*, p. XXI.

[28] II, 13, *12*.

al pensiero, « semper sententie quicquam derogare videtur », restringe in sostanza enormemente i confini dell'area semantica e gli sviluppi dell'invenzione. L'iterazione lessicale e la sua rigida disposizione secondo schemi combinatori di sempre più alta frequenza (36 versi su 6 rime nella prima, 66 versi su 5 rime nella seconda) determinano una previdibilità massima che è inversamente proporzionale alla quantità d'informazione che lo strumento linguistico può trasmettere; e tutte le risorse dell'invenzione e del mestiere saranno allora spinte, per evitare di esaurirsi in una pura costanza fonica, a intensificare e sottolineare nella sua totalità appunto ogni segmento linguistico, mentre la pronuncia è come trattenuta e per così dire continuamente risospinta a sostarvi sopra dall'esito scontato del verso, sì che l'iterazione e la presenza prevaricante delle sei o delle cinque parole-rima si riverbera, attivandoli, su tutti gli elementi del discorso. Ne deriva un risultato generale di estrema compressione e di contenuta energia che nell'ultima, se vale l'ordinamento tradizionale, canzone si libera per il tramite di una più articolata struttura metrica.

Non è possibile, comunque, passare a *Così nel mio parlar* senza avvertire una nettissima soluzione di continuità nei confronti delle sestine e riconoscerne lo stacco in un dinamismo della metrica, della sintassi, delle situazioni prospettate che rampollano l'una dall'altra, da stanza a stanza, da metafora a metafora, da rima a rima, e che viene a contrapporsi all'iperstaticità degli altri due testi. Se si ritorna, al di qua delle sestine, a *Io son venuto* è facile per altro scorgere anche in essa un movimento largo e solenne che, dopo l'impostazione della prima stanza, è condotto poi nelle altre ogni volta a bloccarsi nella sintassi, nel ritmo e in immagini di morte e d'immobilità.

Il luogo in cui il movimento converge e s'arresta è, nella fronte della seconda stanza, il secondo piede: « questo emisperio chiude tutto e salda »; per tutte le altre è simmetricamente la prima volta della sirma, in cui sempre si conclude la parte descrittiva, prima della definizione dello stato del poeta:

e tutti gli animali che son gai
di lor natura, son d'amor disciolti
però che 'l freddo lor spirito ammorta

c'ha morti li fioretti per le piagge,
li quai non poten tollerar la brina

la terra fa un suol che par di smalto,
e l'acqua morta si converte in vetro
per la freddura che di fuor la serra

nella tornata, gli ultimi due versi, dov'è il rinnovato mito ovidiano nella figura dell'uom di marmo:

Saranno quello ch'è d'un uom di marmo
se in pargoletta fia per core un marmo.

Da un moto iniziale, dunque, che ogni volta ritmicamente rallenta e si conclude, all'immobilità come registro assolutamente dominante nelle sestine: è possibile definire, da questo punto di vista, una certa prospettiva di sviluppo nelle prime tre prove, che s'interrompe e viene rovesciata nel dinamismo totale della quarta.

Ma la differenziazione s'accentua e si qualifica ulteriormente se accanto alle strutture formali e ai dati dell'invenzione, gesti eventi e metamorfosi, si consideri la definizione dello spazio in cui tale dinamismo si attua e riceve le sue connotazioni. Esso, intanto, è privato d'ogni indicazione d'ora e di stagione, già veramente « aura senza tempo tinta », e anche di ogni nota di paesaggio e di colore, che caratterizzano invece l'aperto scenario della prima canzone, il prezioso colorismo della sestina, e anche, ma con suggestione e gusto pittorici assai più scarniti, la sestina doppia. Non è dunque spazio come luogo o scena dell'azione, ma dimensione interiore, spazio della mente: la stessa variante visiva dell'ossessione amorosa (« Quand'ella ha in testa una ghirlanda d'erba » II°; « Io l'ho veduta già vestita a verde » II°; « per che ne li occhi si bella mi luce / quando la miro, ch'io la veggio in petra / e po' in ogni altro ov'io volga mia luce » III°), di così tenace suggestione e postuma fortuna, ne risulta abolita o, meglio, metamorfosizzata in ossessione visionaria sul versante psichico

Non trovo scudo ch'ella non mi spezzi
né loco che dal suo viso m'asconda:
ché come fior di fronda
così de la mia mente tien la cima

chiuso e segreto, già luogo deputato del sentimento d'amore stilnovistico, ma qui con segno esclusivamente negativo, di condanna di morte di progressiva degradazione vitale. Questa animazione d'uno spazio interiore determina anche una selezione significativa all'interno della mitologia dominante, eponima, delle petrose: ritornano infatti della « pietra » le significazioni precedenti, la pietra-donna, la pietra-arma della sestina doppia (« Porto nascoso il colpo de la petra ») e qui « non val ch'om si chiuda / né si dilunghi dai colpi mortali [. . .]. Non trovo scudo ch'ella non mi spezzi [. . .]. E m'ha percosso in terra », con la novità della pietra-peso (« e 'l peso che m'affonda »), non quella altrettanto diffusa della pietra-mente dell'amante (« la mente mia, ch'è più dura che petra » della prima canzone) poiché questa « mente » è divenuta, appunto, il luogo di tutti gli accadimenti. Il personaggio-protagonista che nelle altre petrose è ancora prevalentemente l'oggetto dell'invenzione poetica, in *Così nel mio parlar* s'accampa come soggetto unico ed esclusivo, e viene a coincidere totalmente con il poeta. Per questo dinamismo degli eventi assolutamente sottratto a ogni determinazione naturalistica e psicologica e per la coincidenza, ovviamente non biografica e narrativa ma strutturale, del personaggio col poeta, le petrose pervengono alla possibilità di instaurare e inglobare una « storia », di sviluppo minimo ma non più bloccata ed abolita nell'immobile situazione, una storia che è radicalmente altra da quella della biografia e, soprattutto, della successione temporale: che è anche, a guardar bene, il risultato più importante della sperimentazione petrosa nell'ambito delle *Rime*, quando la si confronti alla sua zona più ampia e uniforme, la stilnovistica, e alla tenzone con Forese, alla quale per il virtuosismo tecnico inevitabilmente rinvia. Nella tenzone con Forese, infatti, il virtuosismo tecnico si esplica, come Contini ha osservato, nel « triviale prezioso allo stato isolato »,[29] in una demiurgia verbale che non condiziona e determina un nuovo approccio e rapporto col reale, virtuosismo tecnico, appunto, e non artificio assunto in tutte le sue possibilità; quanto al rapporto con le rime stilnovistiche, il discorso si fa necessariamente più ampio e complesso e richiederebbe una verifica più diffusa e analitica, ma si può almeno avanzare l'ipotesi di un'energica differenza dei procedimenti linguistici e inventivi: in esse, l'idealizzazione metaforica e la simbologia sacrale si dispongono in un contesto che tendenzialmente s'inscrive in un paradigma realistico, e sia pure quello della biografia interiore, psicologico-sentimentale, mentre il « realismo » delle petrose tende a costituirsi come la figura linguistica d'una intuizione essenzialmente metafisica ed escatologica delle cose.

---

[29] Cfr. *Dante come personaggio-poeta della Commedia*, in « L'Approdo letterario », 1958, n. 1, p. 37; ora in *Varianti e altra linguistica*, Torino, 1970.

IL PALINSESTO DELLA RETORICA

(*Inferno*, XIII, 1-108)

... Dante si è servito di un modulo a lui familiare, in modo specificamente adatto a una situazione o a un personaggio particolare ... ricrea un particolare modulo stilistico restituendone la forza originaria ... Esempi sorprendenti di quell'originalità *à partir du connu* caratteristica del vero genio che rilegge il palinsesto della lingua!

La citazione dallo Spitzer, che si legge nel saggio sul canto XIII dell'*Inferno*,[1] ma che accenna a una costante del poema dantesco, da un lato rinvia a ben note posizioni teoriche intorno alla natura della lingua e dello stile, dall'altro implica un punto di vista sistematico nella descrizione e nella valutazione dell'intervento del Dante della *Commedia* sul materiale della tradizione retorica.

La lingua come « cristallizzazione di una forma interna », i caratteri stilistici come analogo formale di un particolare e irripetibile stato d'animo (« Vi è qui corrispondenza tra fase involuta e sentimento

---

[1] Cfr. *Letture dantesche*, a cura di G. Getto, Firenze, 1964, vol. I, p. 236; il saggio originario dello Spitzer, *Speech and Language in « Inferno XIII »* si legge in *Romanische Literaturstudien*, Tubingen, 1959, pp. 544-568.

candido – un cambiamento della forma delle frasi secondo la forma dello stato d'animo » si legge qualche pagina dopo il passo citato),[2] un'idea del linguaggio poetico come espressione libera dalle convenzioni formali o perché non ancora genericizzata o depotenziata nella stereotipia o perché capace di impadronirsene e recuperarla appunto nel momento della sua genesi espressiva, della sua « forza originaria »; ma a questi presupposti generali la metafora del « palinsesto della lingua » aggiunge una precisazione veramente radicale e conclusiva, nell'affermazione che il risultato più alto dell'intervento poetico sta nell'abolizione di tutti gli artifici e della loro riconoscibilità, nella conversione dell'operazione artistica, e per ciò mediata, in attività linguistica immediata.

Il punto di vista del lettore e critico Spitzer, dunque, di fronte all'enorme e multiforme presenza del materiale della tradizione retorica nella *Commedia*, pur con tutti gli scarti e le cautele d'un lettore sensibilissimo e d'un critico attento alle vicende e alle ragioni dello stile, tende essenzialmente a costituire questo materiale nella figura d'un tesoro inerte e passivo da attivare e mettere in circolazione attraverso un uso nuovamente motivato da situazioni e personaggi, e per tanto innovatore, che si esplichi in una operazione trasfiguratrice che cancella e trascende la convenzionalità delle formule tramandate e dei « vecchi schemi » rendendoli irriconoscibili come tali nell'irrepetibile spontaneità e adeguatezza dell'espressio-

---

2 *Letture dantesche*, cit., p. 233.

ne. Si apre così per un verso la prospettiva romantica e vitalistica, piuttosto che critica ed estetica, di un possibile perenne ringiovanimento dei dati della tradizione, mentre si chiude per l'altro quella di un possibile sfruttamento di tali dati proprio in quegli elementi di cui lo spessore della tradizione li carica, di conoscenza e misconoscimento, di giudizio e mistificazione, di espressione e censura, di valore e disvalore, nell'ambito di una nuova e diversa strutturazione letteraria. Si tratterebbe, insomma, d'un procedimento di motivazione, riscatto e, al limite, di mitica *naturalizzazione* che prescinde dalla *natura* specifica del dato retorico tradizionale, dalla artificiosità e convenzionalità istituzionali che la coscienza poetica quanto più è vigile e vigorosa nella sua originalità tanto meglio avverte recepisce e valorizza come tali.

La questione è d'importanza decisiva per la decifrazione della *Commedia*, delle sue intenzioni, dei suoi « sensi » e dei suoi procedimenti operativi; ma non può essere impostata per definizioni preliminari, per schemi astratti senza rischiare una semplificazione deformante e una generalizzazione inutilizzabile. Le stesse dichiarazioni dello Spitzer sopra citate non hanno, come altre volte accade nelle sue pagine, il carattere di una dichiarazione programmatica di metodo, ma nascono, estendendosi poi ad altri passi danteschi, dall'analisi di un testo come il XIII dell'*Inferno* e precisamente per la zona in cui campeggia la figura di Pier della Vigna, che è tra le più fitte d'implicazioni retoriche, di sovrapporsi di fonti, di formule segnate da un altissimo grado di convenzionalità.

I caratteri di convenzionalità e artificio che segnano per larga parte l'incontro con il protonotaro imperiale s'impongono come condizione preliminare d'ogni lettura e interpretazione con una forza e con una sistematicità che l'indagine critica e il confronto dei testi ha ancora recentemente arricchito di nuovi dati e ha meglio lumeggiato come precipitazione e segno emergente, in questo luogo della *Commedia*, di una presenza diffusa, memorabile per alcune analogie e coincidenze, dell'*exemplum* di Piero, soprattutto dell'epistolografo, nell'opera di Dante, dalle *Epistole* alla *Monarchia* alla *Commedia.* Su questa premessa, l'esegesi più recente si caratterizza e differenzia nella determinazione della funzione che tale convenzionalità e artificio svolgono nell'ambito complessivo dell'episodio.

Le strutture dell'artificio retorico possono così apparire, anzitutto, come strutture della *caratterizzazione storica* del personaggio, con una destinazione non solo documentaria, ma rappresentativa e rivelatrice d'una personalità collocata nel suo mondo, nei suoi uffici di giurista, nel suo magistero di *dictator*, nelle abitudini formali e nelle convinzioni ideologiche della *magra curia*; o, anche, in senso più restrittivo, come *ritratto linguistico* di Piero colto nei momenti salienti della sua tecnica di oratore ed epistolografo.[3]

---

[3] La tesi della caratterizzazione storica è sostenuta, sulla scorta del De Sanctis, soprattutto da F. D'Ovidio, *Il canto di Pier della Vigna*, in *Nuovi studi danteschi*, Napoli, 1932, vol. I, pp. 117-278; sul *ritratto linguistico* insiste invece il Novati, nella sua lettura del canto in *Freschi e minii del Dugento*, Milano, 1925, pp. 55-81: ma tutte le proposte interpretative dell'esegesi moderna sono ripercorse con ampiezza e precisione

Non è difficile scorgere subito gli ostacoli che a questa prospettiva il testo oppone; soprattutto per il fatto dell'assunzione in proprio, da parte di Dante, di formule retoriche e in genere di modi espressivi analoghi a quelli di Piero, che ha la sua più forte evidenza in quel « Cred'io ch'ei credette ch'io credesse » che lo Spitzer giustamente indicava tra i punti di maggior resistenza alla interpretazione della caratterizzazione storica e che, indubbiamente, ne fanno almeno un'interpretazione per difetto.

L'adozione programmatica di determinate serie di artifici retorici, il ricorso sistematico al simbolismo fonico attraverso l'iterazione e intensificazione dei suoni aspri e gravi, sul modello e nella tradizione provenzale del *brau langage*, possono ancora essere motivati, come vuole lo Spitzer, con l'intento di rendere « linguisticamente, onomatopeicamente, le idee di stortura, di scissione, di sdoppiamento che dominano il canto », con una funzione, quindi, più largamente espressiva della innaturalità, dello stravolgimento « feroce » del peccato di suicidio di cui la selva è immagine e proiezione figurativa, al di là della caratterizzazione storica che sarebbe solo un aspetto e non il principale dell'episodio.

Questa proposta di lettura presenta indubbiamente il vantaggio di istituire un orizzonte interpretativo più ampio e ospitale alla somma degli artifici e alle loro funzioni diverse che non quella del ritratto

---

da E. PARATORE nella sua *Analisi 'retorica' del canto di Pier della Vigna*, pubblicata in « Studi Danteschi », 1965, e ora in *Tradizione e struttura in Dante*, Firenze, 1968, pp. 179-220.

storico-linguistico, né si vede alcuna particolarità o sequenza del testo che propriamente la contraddica od escluda. In essa, però, la distinzione fondamentale che il complesso non indifferenziato degli artifici impone, tra quelli per così dire inediti, che nascono e appaiono come invenzioni contemporanee al testo e quelli « citati », sottolineati dallo scrittore nel loro carattere di convenzionalità storica e di ben individuata tradizione retorica,[4] viene ricondotta a un'origine comune, alla comune rispondenza a una presupposta realtà da rappresentare, in senso più generale, le idee di stortura, di scissione, di sdoppiamento e in senso particolare e subordinato il personaggio e le sue abitudini espressive. L'atto del citare, insomma, che, quando non si riduce a occasionale e passiva reminiscenza e si presenta invece con una frequenza intenzionale e sistematica, istituisce sempre all'interno degli artifici del secondo tipo un piano ulteriore sulla semplice e univoca presenza della figura e dei « flores » retorici e che è sempre spia di un intervento di ristrutturazione e di emergenza critica sullo stesso piano

[4] Per questo riferimento sistematico ai testi e ai modi retorici di Pier della Vigna e del suo ambiente, si rinvia una volta per tutte allo studio citato del Paratore, che raccoglie i risultati dell'esegesi e degli studi precedenti, aggiunge a questi notizie e testi, fornendo una magistrale ed imponente documentazione della non occasionale ed episodica, ma intenzionale e sistematica presenza nel canto dantesco di passi, formule, procedimenti retorici di Piero e dei suoi corrispondenti nell'ambito dell'aula fredericiana. Ai riferimenti bibliografici fondamentali indicati dal Paratore, si può aggiungere P. MAZZAMUTO, *L'epistolario di Pier della Vigna e l'opera di Dante*, in « Atti del Convegno di studi su Dante e la ' magna curia ' », Palermo, 1967, pp. 200-225.

delle soluzioni formali, viene convertito anch'esso alla funzione dell'esprimere storicamente fedele e viene negato nella sua specificità.

Sulla premessa che nella *Commedia* « quasi dovunque » i procedimenti retorici servono principalmente a scopi di caratterizzazione, la recente e amplissima « analisi retorica » del canto di Pier della Vigna, condotta dal Paratore, assegna appunto a tali procedimenti una funzione insieme di espressione dell'« universale travolgimento » che definisce il tono di fondo del canto (in sostanziale concordanza con la lettura dello Spitzer) e di caratterizzazione intesa non tanto in senso storico-documentario, quanto piuttosto etico-psicologico, di uno « spirito irrimediabilmente segnato dalle tare acquisite nella condotta della vita e dell'enormità stessa del decisivo peccato commesso ».[5] A questa lettura in chiave di rappresentazione etico-psicologica oppone un'eccezione vistosa la stessa articolazione del parlare di Piero, con l'alternanza e, più precisamente, il contrasto che la strategia generale del canto istituisce tra la prima e la seconda parte del suo discorso: l'una in cui il protagonista s'invesca a ragionare

[5] Cfr. E. Paratore, *op .cit.*, p. 218; poco sopra (pp. 212-213) si legge: « non c'è quindi alcuna ragione di dubitare che i procedimenti retorici tendano qui allo scopo maggiore e più naturale, cioè alla caratterizzazione del protagonista in quegli aspetti che, esagerando la sua vanità e il suo compiacimento delle futili gloriole terrene basate sulle apparenze e sulla sopravvalutazione delle vacue e menzognere bellurie formali, hanno condizionato quel madornale errore della sua volontà che lo ha indotto al suicidio ».

. . . . . Sì col dolce dir m'adeschi
ch'i' non posso tacere; e voi non gravi
perch'io un poco a ragionar m'inveschi

ricorrendo agli elementi dell'*amplificatio*, costituendo una rete fittissima, nodosa e involta, di tropi, figure retoriche e virtuosismi verbali; l'altra, tutta condotta in termini di essenziale e diretta informazione, costruita con una sintassi tutta segnata dall'asindeto, secondo una *brevitas* anche esplicitamente annunciata (« Brievemente sarà risposto a voi ») e che fa apparire Piero come strumento docilissimo e schietto di una limpidissima descrizione e motivazione della pena; l'una all'altra estranea ed opposta, sul piano stilistico e psicologico, in maniera da spezzare la coerenza linguistica destinata a connotare il personaggio e da escludere un uso univocamente mimetico e psicologicamente rappresentativo del linguaggio.

Nella diversità delle prospettive e delle valutazioni generali, nelle divergenze e nelle opposizioni delle decifrazioni locali, emergono dunque alcune costanti fondamentali dell'atteggiamento critico nei confronti degli artifici stilistici e delle convenzioni retoriche che segnano con alta e rilevatissima frequenza l'incontro e il colloquio con Pier della Vigna. Anzitutto, la strutturazione artificiosa del linguaggio viene considerata *a parte objecti* e in tutti i suoi aspetti come *mezzo* (caratterizzante, rappresentativo, espressivo) stilisticamente adeguato ad un personaggio o ad una situazione. Siamo, per servirci ancora delle parole di Spitzer, di fronte a un caso di « collaborazione tra la situazione e i mezzi offerti dalla lingua », di « adesione della lingua al contenuto psichico » o psicologico o storico o morale. In questo modo il margine di gratuità e ridondanza del discorso, l'ostentazione dell'*ornatus difficilis* (si pensi soprattutto alle due grandi figurazioni meforiche delle *chiavi* e della *meretrice*) e dell'*ornatus facilis*, vengono funzionalizzati, nel tessuto narrativo del canto, all'espressione e alla rappresentazione e l'artificio come tale, dal punto di vista dell'autore e non, ovviamente, del personaggio, viene riscattato mediante la sua dislocazione dal territorio del *dittare* a quello del rappresentare e dell'esprimere. In secondo luogo, comunque venga interpretata questa funzione rappresentativa ed espressiva, si riconosce una sostanziale identificazione *in loco* linguistica e compositiva del poeta col mezzo stilistico adottato, senza stacco e distanza, una solidarietà senza emergenza critica che s'eserciti non solo sul piano etico o psicologico o storico ma anche, e specificatamente, su quello linguistico e stilistico. Il ricorso a quegli strumenti retorici si configura come un caso, appunto, di « collaborazione » tra « situazione e mezzi » e non anche di intervento critico che costituisca proprio ed anche quei « mezzi » come oggetto dell'invenzione e della conoscenza poetica. La consistenza autonoma del testo appare così vistosamente ridotta con il richiamo a una realtà extra-testuale di natura storico-biografica (il personaggio e l'ambiente) o etico-psicologica (la casistica morale del suicidio) dalla quale riceve norma, significato e giustificazione; e i suoi risultati sostanzialmente identificati nel *discorso su un determinato personaggio e sul suo mondo storico e morale* attraverso l'adozione d'un linguaggio omogeneo e non anche in un discorso *su un determinato linguaggio* attraverso il personaggio e l'area storico-culturale evocata dalla sua presenza.[6]

Ma è possibile formulare un'altra ipotesi di lettura e una prospettiva ermeneutica diversa, capaci forse di integrare le precedenti: non la strutturazione stilistica come « mezzo adeguato » al personaggio e alla situazione, ma situazione e personaggio come motivazione dell'artificio in cui quella strutturazione si definisce; non la pacifica coincidenza della coscienza e intenzionalità linguistica e compositiva dello scrittore coi mezzi stilistici adottati, ma l'emergenza critica di quella coscienza e intenzionalità e la loro sistema-

---

[6] Sul linguaggio umano come tema fondamentale del canto si sofferma G. GÜNTERT (*Pier della Vigna e l'unità del canto*, in « Lettere italiane », XXIII, n. 4; dicembre 1971) con opportuni richiami alle tesi sulla natura del linguaggio di S. Tommaso e di Dante stesso. In contrasto con la tradizione esegetica dominante, lo studioso riconosce nel parlare di Piero un'esaltazione dell'umano linguaggio, un discorrere « non contorto né artificioso » che si contrappone « agli informi sospiri e al generale balbettio » della selva. La lettura perviene quindi all'affermazione di una sostanziale solidarietà del poeta col personaggio e con la lingua che questi mette in opera, senza ironizzazione e straniamento, a un'assunzione della retorica di Piero come linguaggio della giustizia e della verità. Più persuasiva la recente, suggestiva proposta critica di ION D. LEVENSON (*The grundworte of Pier della Vigna*, in « Forum italicum », V, n. 4, 1971) che interpreta tutto il discorso di Piero come il linguaggio dell'uomo chiuso nel proprio io, prigioniero e spersonalizzato nel codice dell'onore, attraverso un'analisi della sintassi del personaggio tutta fondata sulla coppia solipsitica e mistificante *I-It*, sulla forma impersonale del rapporto, in luogo dell'altra *I-Thou*, che è quella della partecipazione e del dialogo.

tica eccedenza nei confronti dei risultati immediati dell'enunciazione.

S'impone, dunque, anzitutto la rilevazione dei tratti salienti che definiscono la fisionomia dell'artificio: le strutture portanti della costruzione del discorso e, al loro interno, gli ornamenti dello stile, il ricorso ai *colores rhetorici* e ai tropi e il senso e la funzione di tale ricorso.

Una distinzione preliminare è da farsi, anche solo nell'ambito degli artifici di maggiore rilievo, tra quelli assunti e *gestiti in proprio* dall'autore e quelli *delegati* ai vari personaggi [7] (non al personaggio Dante che in questo canto si limita a un solo brevissimo intervento, a dichiarare la propria pietà e a demandare a Virgilio l'ufficio di interrogare e di scegliere la materia stessa dell'interrogazione:

> Ond'io a lui « Domandal tu ancora
> di quel che credi ch'a me satisfaccia;
> ch'i' non potrei, tanta pietà m'accora »)

e per i quali il rapporto con il punto di vista dell'autore e quindi con la strategia complessiva del canto può andare dalla semplice non-coincidenza all'ironizzazione alla condanna.

Tra le figure retoriche, quella che s'affaccia per prima, all'esordio del canto, e ritorna poi con maggior frequenza, con evidente prevalenza quantitativa,

---

[7] Bisognerà dunque finalmente distinguere « fra la retorica di Piero e quella di Dante », secondo il suggerimento di CONTINI (cfr. *Poeti del Duecento*, Milano, 1960, p. 120), e chiarire anche le implicazioni strutturali che quella distinzione comporta.

per tutta la sua estensione, è l'*antitesi*; e questi dati esterni appaiono come il segno di una sua funzione privilegiata e dominante (ed anche come il segnale più vistoso della distanza del passo infernale da quello del III dell'*Eneide*, dello scatto che determina la specificità e incommensurabilità dell'invenzione dantesca nei confronti di quella virgiliana, dove l'eccezionalità della sorte di Polidoro si traduce figurativamente e narrativamente attraverso l'imprevedibile metamorfosi dei dardi nel cespuglio di virgulti che mettono radici nel suo corpo, senza alcuna idea o connotazione di contraddittorietà, di innaturale lacerazione, di antitesi insomma).

Sul piano degli artifici gestiti dall'autore, l'antitesi è presente come figura retorica localizzabile, elemento della *venustas* del discorso, ma anche e soprattutto come principio fondamentale nella strutturazione del discorso, come criterio dell'*inventio* e della *dispositio*, per il quale si reperiscono, si organizzano e dispongono « res » e « verba » e le varie « figurae », tra le quali l'antitesi stessa nella sua accezione più ristretta. Così, per esemplificare, sul versante delle cose, persone e situazioni, delle « res » insomma: la descrizione e definizione del « bosco / che da nessun sentiero era segnato », impostate subito per contrasto ai dati del normale e del positivo, alla « fronda verde » ai « rami schietti », ai « pomi » e solo successivamente per comparazione da maggiore a minore col paesaggio maremmano; le Arpie, con le opposte e stridenti connotazioni bestiali e umane; la fisica consistenza delle anime che non è assimilabile ai modelli ovidiani come risultato d'una semplice conversione dell'essere umano in altro da sé [8] dove l'orrore del contrasto ha una sua dissoluzione narrativa nella vicenda della metamorfosi (per non dire della fonte virgiliana dove la selvetta di mirto è trasformazione della « telorum seges »), ma è una mostruosa, persistente e contraddittoria fusione di elementi umani e vegetali, di membra e rami, di sangue e umori; la destinazione ultima dei suicidi, con quel ricongiungimento delle « spoglie » alle anime che non sarà un compimento perfettivo, sia pure nella forma e con le conseguenze già indicate da Ciacco (dice Piero « ma non però ch'alcuna sen rivesta »; e la memoria anticipa per contrasto « la revestita carne alleluiando » del XXX del *Purgatorio*), ma un accostamento violento che si produrrà nel segno del rifiuto e della molestia: « saranno i nostri corpi appesi / ciascuno al prun dell'ombra sua molesta »; il contrappasso tra chi era stato oratore principe nel suo tempo ed ora il suo parlare è soffio affaticato e singhiozzo, anzi è discorso bloccato, legato con l'anima nei « nocchi » e solo si libera per intervento d'altri, ed esce fuori come « parole e sangue ». (E si badi: l'antitesi non è qui un'ovvia e prevedibile conseguenza figurativa del criterio del contrappasso, secondo la prassi normale dell'invenzione infernale, poiché nell'*Inferno* il contrasto e il rovesciamento si determinano normalmente tra la figura del comportamento terreno e quella assunta dopo la morte e la condanna, mentre qui l'opposizione si configura tutta all'interno della condizione finale,

---

[8] Come osserva lo Spitzer e come documenta con acume e dovizia il D'Ovidio nel saggio citato, pp. 126-131.

tra anima e corpo, soffio vitale e immobilità vegetale, parole e sangue, agio oratorio da gran dittatore e impossibilità di parlare, condizione divisa, veramente, a tutti i livelli).

Sul versante della strutturazione sistematica del discorso, della *dispositio* delle parti è ancora l'antitesi il criterio più vistoso e attivo: nell'alternativa dei due opposti procedimenti della *brevitas* e dell'*amplificatio*, dalla descrizione della selva, dove la più sicura e canonica spia della *brevitas* e del *genus dicendi obruptus* e violento è evidente nell'asindeto, a quella delle Arpie dove sono elementi dell'amplificazione e del *genus copiosum* l'allusione dotta e la costruzione polisindetica; dalla perifrasi, dagli enjambements e dagli artifici verbali che segnano la prima parte del discorso del protonotaro imperiale e dell'ignoto fiorentino alla denotazione esplicita, alla formulazione sciolta ed inequivoca dell'eloquio nella seconda parte del discorso di Piero e nel verso epigrafico (« Io fei gibetto a me delle mie case ») che chiude il canto e s'oppone con improvvisa e totale diversità alla lunga e immediatamente contigua digressione perifrastica del fiorentino.

Quando dal livello dell'organizzazione generale della materia e del discorso si passa al livello dell'*ornatus*, dei colori retorici e della *venustas*, l'antitesi, tra le figure gestite dall'autore, perde tutto il suo rilievo quantitativo e la sua importanza e si riduce anzi propriamente a un solo caso: la seconda terzina tutta sintatticamente poggiata sull'avversativa (quando non si voglia considerare tale l'antitesi ellittica della prima terzina, con quel « bosco / che da nessun sentiero era segnato » che richiama per contrasto un bosco umano, percorso e segnato dalla presenza degli uomini). L'antitesi, dunque, come elemento dell'*ornatus*, non è mai messa in opera dall'autore come strumento di complicazione o di equivoco semantico. Su questo livello i dati retorici più frequenti e vistosi si collocano nella categoria dell'*ornatus facilis* e sono essenzialmente di natura fonica, si rivelano nell'iterazione fittissima dei suoni aspri e grevi, cupi e acuti, nella loro evidenziazione attraverso la rima e nella frequenza di rime « che investono l'intero corpo delle parole, quasi a render più stretto e infrangibile il cupo congegno delle fosche ripercussioni foniche »[9], si può ancora aggiungere la comparazione attinta al mondo della esperienza esterna (« non han sì aspri sterpi né si folti... ») e l'altra filtrata attraverso la fonte provenzale[10] (« Come d'un stizzo verde... »); infine, per concludere questa rassegna condotta per esempi e indicazioni sommarie, quel caso supremo di *traductio* – « Cred'io ch'ei credette ch'io credesse » – che così esplicitamente assunto in proprio dall'autore svolge, almeno, la funzione di escludere in linea di principio ogni lettura degli artifici delegati ai personaggi, e più retoricamente marcati, secondo la semplificatoria chiave della rappresentazione storico-psicologica, superandoli già tutti preliminarmente in artificiosità fonica, lessicale e semantica.

Sul piano delle figure retoriche e degli artifici in

---

9 Cfr. E. PARATORE, *op. cit.*, p. 199.

10 Gaucelm Faiditz, segnalato da F. TORRACA nel suo commento al *Purgatorio*, Roma, 1951 (prima ed. 1905), p. 94.

genere delegati ai personaggi, il linguaggio anzitutto di Virgilio è caratterizzato, secondo una costante del personaggio, da un'eloquenza piana e di tono medio, una volta sola segnata visibilmente dall'artificio verbale, dall'iterazione in posizione antitetica:

> S'elli avesse potuto *creder* prima »
> rispuose il savio mio « anima lesa,
> ciò ch'ha veduto pur con la mia rima,
>
> non averebbe in te la man distesa;
> ma la cosa *incredibile* mi fece
> indurlo ad ovra ch'a me stesso pesa »

In queste parole non è, come è stato detto, un larvato, appena accennato compiacimento di Virgilio nel citare la propria opera [11], né un appena sfumato rimprovero a Dante per non averne subito chiamato in soccorso la memoria e l'autorità di fronte al fatto nuovo delle voci che si muovono per la selva (e come, se di lui Virgilio dirà, a proposito della sua « tragedia », « Ben lo sai tu che la sai tutta quanta »?) o per non aver letto in essa il valore di anticipazione figurale dell'accadimento infernale. Qui il discorso è estremamente esplicito e mette in causa i termini fondamentali dell'ambiguità della *Commedia*, l'invenzione letteraria e la realtà escatologica, la consapevolezza della finzione che fonda la consapevolezza del reale, dell'altro dalla finzione: Dante ha potuto *vedere* con la « rima » di Virgilio, ma non ha potuto *credere* perché non può per se stessa esigere fede l'*Eneide*; la

---

[11] Come propone il D'Ovidio, *op. cit.*, pp. 179-183.

« cosa » è detta « incredibile » non perché fuori di ogni aspettativa, e verosimiglianza, straordinaria, in un'accezione generica e psicologistica, ma nel suo preciso senso letterale, di cosa che non poteva essere oggetto di fede sulla sola testimonianza del testo poetico virgiliano, e che ora solamente è tale, sul fondamento della realtà oltremondana, del giudizio di Dio, con una nettissima distinzione tra le due forme di assenso, quello che poggia sull'autorità poetica, pur con tutta l'aura sacrale che in questo caso la circonda e quello che nasce dalla rivelazione della realtà ultima, stabilita e garantita dall'autorità divina e che solo merita il nome di « fede ». In queste parole di Virgilio, ancora, che oppongono il « vedere » secondo la « rima » al « credere » secondo la fede, si riflette, ed è segnalato dall'iterazione verbale, un tema di fondo di tutto il canto, il gioco sottile delle anfibologie e delle oscillazioni a cui il segno « fede » viene sottoposto in una vicenda di assoluto rilievo, di cui è spia la frequenza stessa del termine e degli altri appartenenti alla stessa area semantica.

Nel linguaggio degli altri personaggi la presenza degli artfici retorici acquista invece un rilievo maggiore, fino all'esibizione d'un virtuosismo estremo in quello di Pier della Vigna, e si complica per l'alternarsi e intrecciarsi di soluzioni stilistiche contemporanee al testo, che si costituiscono, innestano e giustificano con la vicenda e il contesto, con altre che si presentano come elementi di un discorso di ri-uso, con i caratteri della ridondanza, come materiali citati e delegati dal poeta ai personaggi con una consapevolezza che dal piano del singolo artificio si estende a quello più ampio di un linguaggio retorico istituzionalizzato e di una tradizione di convenzioni storicamente ben riconoscibili.[12] Anche qui, anzitutto, l'antitesi: dal tragico della designazione collettiva

Uomini fummo ed or siam fatti sterpi

al rapido diagramma di una carriera mondana interrotta e stravolta

che' lieti onor tornaro in tristi lutti

fino alla suprema complicazione e contraddizione di una coscienza in preda ai mostri di una « giustizia »

---

12 Può essere utile riportare qui, per comodità di lettura e a solo scopo esemplificativo, alcuni fra i molti di questi « matereiali » di riporto, sulla scorta dei confronti già istituiti, dal Paratore soprattutto, e limitatamente alle più evidenti analogie lessicali. La documentazione si fa poi più organica e probante per il disporsi di questi elementi entro repertori topici, tecniche oratorie e procedimenti stilistici propri della « magna curia » e segnatamente dei testi di Pier della Vigna (per i quali è da vedere la raccolta dello HUILLARD-BRÉHOLLES nell'*Étude sur la vie, la correspondance et le rôle politique de Pierre de la Vigne*, Paris, 1965): « oderunt me mei iniquo odio . . . adhuc addunt vulnera super vulnera *ut fiat in amaritudine luctus meus* . . . Intuentur me *obliquo oculo* . . . Non est incurabilis dolor meus ut eum sanare non valeat *pia manus* » dalla *lamentatio* di Piero timoroso di calunnie e rivalità o già caduto in disgrazia; e da un altro testo dove si contrappone alla *invidiae specie* e al suo procedere per insinuazione la *fidelitas*: « fidei meritum mater ipsa fidelitas in exemplum subiectionis *inflammet* »; segnali minimi, ma specifici, del ben più ampio e organico intervento dantesco di citazione e ristrutturazione. Sulla presenza e diffusione dei testi di Pier della Vigna in ambito fiorentino nell'età di Dante, si può vedere P. MAZZAMUTO, *L'epistolario* . . . cit.

anch'essa perfettamente e irrimediabilmente mondana

L'animo mio per disdegnoso gusto
credendo col morir fuggir disdegno
ingiusto fece me contra me giusto

che è anche un bell'esempio, nello scambio finale di « giustizia » e « ingiustizia », della contaminazione tra l'antitesi come retaggio della tradizione classica e i paradossi della fede e della morale cristiana. Con l'antitesi è immediatamente evidente e fortemente sottolineato il ricorso soprattutto ai procedimenti dell'*annominatio* e dell'*allitterazione*, che toccano il loro culmine appunto nella terzina sopracitata e in quella che immediatamente la precede, dove si dice dell'invidia che

infiammò contra me gli animi tutti;
e li 'nfiammati infiammar sì Augusto
che' lieti onor tornaro in tristi lutti;

e l'intrecciarsi di questi procedimenti con l'asprezza dei suoni in serie fittissime e grevi, secondo un modulo accertato delle poetiche e della pratica degli scrittori medievali.

Altri procedimenti sono di meno immediata evidenza formale, ma di non minore specificità ed oggettivo rilievo nell'economia generale del discorso che rinvia all'officina scrittoria del poeta provenzaleggiante e, più ancora, del grande retore esperto nella contaminazione di procedimenti della retorica classica con gli esempi scritturali: il ricorso al tropo più illustre, l'allegoria, nella grande figurazione dell'invidia:

> La meretrice che mai dall'ospizio
> di Cesare non torse gli occhi putti,
> morte comune, delle corti vizio

arricchita dalla citazione implicita del testo della *Sapienza* (II, 24) « Invidia diaboli mors intravit in orbem terrarum »; l'*etimologia*, già segnalata dallo Spitzer [13] che attraverso la metafora delle « chiavi » (anche questa con un più di preziosismo e di designazione storico-letteraria nella citazione decisamente probabile dell'epistola di Nicola della Rocca « Tanquam imperi claviger, claudit et nemo aperit; aperit et nemo claudit » e nella risonanza del passo di *Isaia*, XXII, 22) ricongiungendo il Pietro di Federico al primo Pietro ribadisce, ancora per contrasto, la mondanità totale in cui s'iscrivono e s'esauriscono l'operosa fedeltà, il linguaggio e la persuasione retorica del segretario del-

---

[13] E che si conferma e precisa con il rinvio alla lettera dove un amico si esprime in questi termini, rivolto a Piero: « Ait ergo-Petre, amas me, rege oves meas-, et sic amator iusticiae dominus super petram volens fundare iusticiam, moderamina iurium in plebam suam Petro commisit ». Cfr. PARATORE, *op. cit.*, pp. 217-218. A questo proposito osserva acutamente il LEVENSON nel saggio citato: « Spitzer notes that " it was a favourite procedure of the times to offer punning etymological interpretations of names " . . . Spitzer does not mention the irony in the allusion. Whereas Peter was entrusted with the propagation of the faith, Piero seeks to exclude other men from his master's affairs. He is a kinf of parody of the saint, a man whose life was given to self-aggrandirement rather than to selfless service, devoted to " It " rather than " Thou " » (pp. 508-509).

l'impero; infine, la forma atipica in cui s'esprime la convenzione del giuramento, subito prima della *peroratio* finale.

> Per le nove radici d'csto legno
> vi giuro che mai non ruppi fede
> al mio signor, che fu d'onor sì degno.

Il giuramento che deve garantire della « fede » di Pietro è formulato sul fondamento d'un segno – le *nove radici d'esto legno* – destituito d'ogni connotazione sacrale, generato com'è da una condanna infernale, su un legno che rinvia, per antitesi sempre, ad altro legno, quello della croce, dal quale solo l'atto del giurare potrebbe ricevere l'autorevolezza sacrale che gli è essenziale e propria.

La descrizione del discorso delegato ai personaggi può attingere il livello comprensivo dell'interpretazione quando venga rapportato alla totalità del canto mediante un processo di subordinazione che la nozione stessa di delega implica, per verificare in quale misura il senso complessivo arricchisca o illumini, per omogeneità, il significato primo; oppure si costituisce come eterogeneo nei suoi confronti, trasformando eventualmente il discorso subordinato da strumento espressivo o rappresentativo in oggetto di intervento e di giudizio, che è il caso, mi pare, del XIII dell'*Inferno* e in particolare dell'episodio di Pier della Vigna.

Il giuramento fatto sulle « nove radici » del « legno » infernale rinvia, intanto, alla contrapposizione instaurata sin dall'inizio del canto da Virgilio tra la credibilità secondo la rima e la fede fondata teologicamente, e si colloca all'interno di una complessa e sottile vicenda di significati che ha la sua spia lessicale nel termine « fede » e in altri che quella vicenda riconduce alla medesima area semantica.

« Fede » ritorna esplicitamente tre volte nel corso dell'episodio: al v. 21

> cose che torrien *fede* al mio sermone

per bocca di Virgilio, nel significato oggettivo di « credibilità »; al v. 62

> *fede* portai al glorioso offizio

e al v. 75

> vi giuro che già mai non ruppi *fede*
> al mio signor

per bocca di Piero a significare fedeltà cortigiana all'ufficio imperiale e al signore « che fu d'onor sì degno ». Forme verbali dell'assenso, del verbo « credere » proprio, compaiono con iterazione ancor più fitta (per non registrare due casi, al v. 81 – « di quel che credi ch'a me satisfaccia – e al v. 110 – credendo ch'altro ne volesse dire » – che si collocano fuori dell'ambito che c'interessa): al v. 25

> *Cred'io* ch'ei *credette* ch'io *credesse*

dov'è l'autore stesso, insieme con l'espressione dell'incertezza e della confusione, ad annunciare, nello stravolgimento della *traductio*, il tema degli equivoci e anche dell'errore in cui può impigliarsi l'assenso umano; al v. 46

S'elli avesse potuto *creder* prima

in quell'ipotetica dell'impossibilità che ha la sua conferma e giustificazione nell'« *incredibile* » che subito segue; al v. 71

credendo col morir fuggir disdegno

dove, nel cuore della terzina inestricabile per paronomasie ed allitterazioni, si dichiarano con estrema nettezza i limiti, l'equivoco e l'errore del credere di Pietro della Vigna.

La proclamata e indubitabile, ma non in virtù del giuramento, sua innocenza e lealtà nei confronti dell'Impero, che subito dopo si legge, è ancora la dichiarazione d'uno stato mondano, d'una « dignitas » non meno minacciata e precaria dell'eccellenza e del decoro oratorio.

La vicenda semantica, le contrapposizioni e le deformazioni a cui è sottoposta, proprio per il tramite dell'iterazione, della costanza e dell'uniformità lessicale, la denominazione dell'atto del credere e dell'esser fedele; la differenziazione e la distanza, segnalata col ricorso all'etimologia e al segno delle chiavi, tra il Pietro imperiale e il primo Pietro, la vanità del giuramento denunciata dall'antitesi implicita contenuta nella figura del « legno » e contigua a quella definizione – « mio signor » – che sembra escludere ogni altra signoria e oggetto di fedeltà nello sdegnoso universo etico, da ragion di stato, di Piero, sono i segnali d'un servizio un onore e una dignità esclusivamente mondani, di una « fedeltà » e « giustizia » che nel contesto formidabilmente critico, e non semplicemente narrativo e rappresentativo, dell'episodio sono condotte a riconoscere la propria radicale insufficienza e a rovesciarsi poi, nella prospettiva escatologica, in oggettiva ingiustizia: « ingiusto fece me contra me giusto ». Un confronto globale, infine, tra la somma degli artifici gestiti dall'autore e quelli delegati al personaggio, mette in luce una fondamentale e sistematica differenza: i primi appaiono totalmente relativizzati aperti e funzionalizzati alla rappresentazione, alla conoscenza e al giudizio; i secondi dichiarano un uso assoluto, chiudono l'universo del discorso, della conoscenza e del giudizio nella prigionia dell'artificio, identificano persuasione e retorica.

Il discorso delegato a Piero, appunto nei suoi caratteri di programmatica artificiosità, appare allora veramente, in questa subordinazione sistematica alla totalità dell'episodio, come l'immagine linguistica adeguata della condizione ideologica ed etica del protonotaro e insieme come una prigionia della retorica, della quale il legarsi nei « nocchi » dell'albero nodoso e involto è la proiezione figurativa, e che, evidenziata nell'autosufficienza del suo splendore, un'altra retorica, quella del poeta, svela nella sua mistificazione e nel suo limite, attraverso una sperimentazione critica che insieme la esaurisce, strania e dissacra.

La strutturazione dell'artificio non esaurisce dunque il suo compito nell'adeguatezza, nella collaborazione con la situazione e il personaggio, ma è anche rivolta contro se stessa, forzata a svolgere, nei suoi stessi confronti, una funzione di giudizio: questo infatti non si compie per opposizione estrinseca di affermazioni e contenuti, ma nasce dallo scarto semantico nell'identità lessicale, dalla contrapposizione tra un uso relativizzato e conoscitivo degli artifici gestiti dall'autore e un uso assoluto e mistificatorio di quelli delegati al personaggio. La programmatica artificiosità del discorso di Piero non è dunque solo il mezzo di una felicissima invenzione mimetica, o lo strumento di una condanna morale, ma, rivolta contro se stessa, nella sua stessa ridondanza, in un rispecchiamento deformante e insieme rivelatore, è anche la dimensione attraverso la quale s'esercita un'operazione critica, si verifica uno svincolo e un superamento. A questo punto la prospettiva si rovescia: la situazione e il personaggio non sono sono più l'oggetto e il fine dell'invenzione e della rappresentazione, ma, sotto l'apparenza del verisimile, rivelano la loro concretezza letteraria come motivazione degli artifici, per un attraversamento linguistico, per una vicenda di potenziamento e depotenziamento delle singole soluzioni stilistiche in cui consiste, in ultima analisi e in grado diverso, la funzione specifica e la direzione distintiva di ogni prodotto della letteratura.

Uno degli artifici che, in questa prospettiva, la *Commedia* adotta con maggiore frequenza e più decisivi risultanti, è quello dello *straniamento*, secondo procedimenti e con risultati peculiari che richiedono qualche precisazione e distinzione preliminare.

La definizione retorica dello straniamento lo designa come « l'effetto psichico che l'imprevisto, l'inatteso come fenomeno del mondo esterno, esercita sull'uomo. Per " mondo esterno " va inteso il discorso, che suscita sul pubblico l'effetto dello straniamento ».[14] Esso è dunque un effetto della « variatio » ed è, come tale, uno degli elementi che costituiscono la varietà del discorso, segnando per altro uno scarto netto nei confronti di quella *varietas* media che è tra i caratteri comuni e prevedibili del discorso stesso. Nell'ambito del discorso propriamente letterario, delle convenzioni, formule e *loci* della tradizione, la complessa fenomenologia dello straniamento può distinguersi sommariamente secondo due direzioni fondamentali, a seconda che lo strumento determinante della variazione si caratterizzi come *variante formale* o come *dislocazione contestuale*. Nel primo caso, lo straniamento s'identifica con l'« imprevisto », nel secondo con l'« estraneità » della formula che è diventata altra, sul piano semantico ed espressivo, da quella che era nella sua collocazione e nel suo uso originari e convenzionali (e in questo senso il termine è preso nell'accezione più recente, proposta e illustrata nell'ambito del formalismo russo). Nella diversità dei procedimenti e dei risultati, queste operazioni si possono comunque ricondurre ad alcune caratteristiche comuni: l'intensità dell'effetto psichico è direttamente proporzionale al grado di imprevedibilità o estraneità, il grado di straniamento al grado della variazione stilistico-espressiva o del mutamento semantico; il vecchio schema non viene esplicitamente segnalato, il riconosci-

---

[14] Cfr. H. Lausberg, *Elementi di retorica*, Bologna, 1969, p. 60, par. 84.

mento e la consapevolezza critica del dato tradizionale tendono al grado zero, o riconducono la loro eventuale presenza a quella di termine estrinseco e negativo di confronto per misurare il grado dell'innovazione, non intervengono come funzioni attive nella costituzione del testo e dei suoi significati, ma stanno come il vecchio sostituito dal nuovo, lo stereotipo cancellato dal vivente; la fisionomia così rinnovata del dato tradizionale non segnala tanto uno scarto sistematico e un distacco critico nei confronti della tradizione che lo porta, ma anzi un suo arricchimento, una prosecuzione della sua vitalità, una testimonianza locale della sua capacità di riaffermarsi come lingua « poetica » contro gli automatismi della significazione convenzionale o comune; si tratta, infine, di un intervento di trasmutazione retorica, una « figura retorica », appunto, come vuole la sua definizione scolastica.

Accanto a queste forme di straniamento che, con diversa frequenza e intensità, si rinvengono in ogni testo letterario, la *Commedia* offre anche l'esempio d'una operazione straniante che è segnata da caratteristiche e funzioni radicalmente diverse. Anzitutto il grado di straniamento non è condizionato al grado dell'innovazione formale o semantica: questa può essere minima o anche assente, e non è comunque essenziale ai fini dell'operazione. Il vecchio schema, o i suoi frammenti, compaiono anzi in una sostanziale identità di forme e significati, tendono a costituirsi nel testo come « citazione » e vengono infatti esibiti e segnalati dal personaggio in una dizione che al registro della comunicazione sovrappone quello ridondante della « recitazione ». È il caso, per ritornare al canto, dopo il primo « grido » del tronco, dell'avvio all'autoritratto che Piero, mosso dal « dolce dir », traccerà a Virgilio:

> E 'l tronco: « Sì col dolce dir m'adeschi
> ch'i' non posso tacere; e voi non gravi
> perch'io un poco a ragionar m'inveschi.

che ha i connotati d'un esordio retorico secondo tutte le regole come quello che ritorna, formulato con gli stessi caratteri di citazione e recitazione, nell'esordio di un altro dittatore, questa volta il « miglior fabbro » del XXVI del *Purgatorio* che è adoperato ad esibire le fonti proprie (« Ieu sui Arnautz que amass l'aura ») e per il tramite della reminiscenza da Folchetto (« Tan m'abellis . . . ») quelle di tutta una scuola e un mestiere (ma a cui è delegata in proprio, nel fuoco purgatoriale che l'affina, una severa palinodia del proprio stile, come non avviene per il personaggio infernale). Il carattere artificioso e formulare di questo esordio, il compiacimento verbale e insieme il rischio della mistificazione ch'esso proietta su tutto il discorso che segue si rispecchiano in quell'« inveschi » che anticipa un progetto di costruzione retorica e insieme di una ridondanza un po' vana, forse non priva di « ambage », sul tipo di quelle « in che la gente folle / già s'inviscava » del XVI del *Paradiso*.

Ma anche tutta la fitta ramificazione, sopra appena descritta e già minuziosamente verificata dall'indagine filologica, che lega la prima parte del discorso di Piero alle costanti più vistose dello stile epistolare suo e dei suoi corrispondenti, concorre a definire un intervento che mira non solo a connotare storicamente, attraverso il linguaggio, una persona, ma anche ed essenzialmente a connotare storicamente, attraverso, il personaggio, un gusto e una retorica entro coordinate ben riconoscibili e rigorose.

Proprio la condizione essenziale dello straniamento come figura retorica, la *variatio* formale e semantica, viene così a cadere; l'innovazione lascia posto alla citazione, la prosecuzione e lo sviluppo per novità vengono contraddetti da un processo d'involuzione, da una scrittura regressiva che getta una luce violenta sul palinsesto della retorica.

Si pensi, per qualche esempio che subito viene alla mente e per qualche direzione di ricerca e di verifica, ancora al discorso di Arnaut e al colloquio col primo Guido che ne costituisce il preludio non solo narrativo, al parlare per sentenze stilnovistiche di Francesca, al colloquio con Folchetto in paradiso e, in genere, a tutte le zone della *Commedia* dove sono più direttamente presenti i dati della tradizione letteraria romanza.

Altri sono dunque gli strumenti mediante i quali il testo dantesco opera sul patrimonio proposto dalla tradizione in questo processo di straniamento: si ritrovano evidenziati con un'eccezionale forza di concentrazione nel XIII dell'*Inferno* e sono essenzialmente quelli che più sopra s'è tentato di descrivere: la netta e sistematica distinzione, dalla semplice non coincidenza all'ironia al rifiuto, tra gli artifici gestiti dall'autore e quelli delegati al o ai personaggi; l'uso funzionalizzato dei primi, l'uso assoluto e la ridondanza dei secondi; lo scarto del testo nella sua totalità rispetto alle formule e alle convenzioni retoriche messe in opera, le quali non si dispongono in rapporto a quello come i dati di una somma, ma come i materiali di una scrittura totalizzante nella quale solo è possibile la loro decifrazione autentica e che non risulta dal loro insieme ma prende da essi continuamente le distanze, li « cita » esaltandone la presenza e straniandone la funzione.

Se, infatti, nella continuità d'una tradizione, la citazione svolge una funzione d'autorità, se essa è anche, in quanto sentenza e nell'ambito della cultura medievale, fonte di conoscenza,[15] essa può essere qui destituita di autorevolezza, può divenire fonte d'equivoco o segnale d'inganno, com'è il caso della sentenziosità stilnovistica di Francesca; se la marcatura retorica è in funzione d'una dizione appassionata e partecipe, se il virtuosismo tecnico è valore formale, veicolo e veste adeguata d'una verità, essi possono qui divenire una prigionia del linguaggio, una moltiplicazione degli artifici a dissimulare lo *hiatus* tra discorso e verità, la disperazione d'una retorica irrimediabilmente separata dalla persuasione. Si pensi, tra tutti gli artifici che s'infittiscono a sostenere il discorso di Piero, alla figura dell'antitesi, la più vistosa e significativa e quella intorno a cui si raccolgono gli elementi più rappresentativi della tecnica scrittoria del protonotaro: mentre sul piano della sequenza essa appare come risultato stilistico di estremo vigore, nell'ambito totale dell'episodio subisce un energico pro-

---

[15] Come insegna CONTINI, *Un'interpretazione di Dante*, in « Paragone », n. 188/8, ora in *Varianti e altra linguistica*, cit.

cesso di riduzione: costruzione retorica svelata e imprigionata nei limiti e nell'insufficienza del suo gioco mondano.

Formule e tecniche della tradizione letteraria, così chiaramente storicizzate e riconoscibili, attingono, in questo tipo di operazione straniante, i limiti della loro efficacia ma sono anche totalmente attraversate, svuotate d'autorevolezza esemplare e di capacità di autentico sviluppo: una loro durata per inerzia appare veramente bloccata dall'intervento della scrittura dantesca.

Si può forse tentare, a questo punto, una definizione complessiva, almeno come ipotesi di lavoro, dell'operazione di straniamento tipica della *Commedia* nei confronti dei procedimenti per *variazione formale* o *dislocazione contestuale.*

Gli strumenti attraverso i quali si compie e i risultati che ne derivano la distanziano infatti nettamente da quei procedimenti e la caratterizzano come un intervento di *dislocazione paradigmatica*: formule e tecniche definite, nel paradigma d'una tradizione, da norme, funzioni, ordinamenti gerarchici e abitudini formali, vengono prelevate in una sostanziale identità di forme, significati e procedimenti, e collocate all'interno della *Commedia*, nel quadro d'un'idea della funzione poetica e della lingua letteraria che instaura un paradigma radicalmente diverso ed eterogeneo.

L'individuazione e la descrizione delle funzioni di questo paradigma che più energicamente incidono sulla presenza dei materiali della tradizione, per quanto ardue possano risultare, trovano il loro fondamento primario e il punto estremo di deduzione nella qualificazione stessa del poema, nella « sacralità » coestensiva al testo per tutto l'arco del suo sviluppo, e, all'interno di questa, nella situazione escatologica dell'invenzione.

Lo studio sistematico del rapporto tra le figure teologiche e le strutture letterarie della *Commedia* è un capitolo appena abbozzato della critica dantesca, ma appare subito chiaro come la sacralità del poema non sia solo né soprattutto una definizione contenutistica, ma sia anche, e in un certo senso soprattutto, la figura teologica di uno svincolo totale dai condizionamenti normativi di poetica e di retorica, nella sola forma consentita a un autore medievale: non mediante il ricorso alla libertà espressiva ma al carattere necessitante dell'evento immodificabile e della dettatura trascendente; non attraverso un rifiuto dell'autorità della tradizione ma attraverso la subordinazione a una *auctoritas* superiore, quella dell'ispirazione divina.

Non è senza significato che le motivazioni implicite o esplicite di questo svincolo compaiano nel poema non come positive affermazioni di autonomia da parte dell'autore, ma nella forma negativa di una necessitata obbedienza; nella forma, per un solo esempio, il più esplicito e quasi canonico, del XXX del *Purgatorio*, quando, contro tutte le norme e consuetudini, Beatrice pronuncia il nome di Dante « che di necessità qui si registra », dove il divieto del *Convivio* (I, II, 2-3):

> parlar alcuno di sé medesimo non pare licito . . . Non si concede per li retorici alcuno di sé medesimo senza necessario cagione parlare

non viene violato, ma reso inattendibile in via di principio, all'interno di una *fictio* che inventa la necessità.

Per questa suprema finzione sacrale, e per lo svincolo ch'essa significa, tra il livello della scrittura della *Commedia* e i materiali della tradizione classica e romanza si stabilisce, con diversa accentuazione e fenomenologia, una distanza incolmabile che consente su quei materiali una vasta e non occasionale operazione *metaretorica* della quale lo straniamento per dislocazione paradigmatica rappresenta un caso limite, il momento della più energica funzione corrosiva: con un intervento che attiene alla strutturazione del testo e non alle singole componenti retoriche, *loci*, sentenze e convenzioni formali vengono straniati dalla funzione acquisita di autorevolezza esemplare, di veicolo di verità e conoscenza, energicamente riconosciuti e segnalati come materiali di ri-uso, storicizzati e consegnati alla deperibilità. Il momento della rappresentazione storico-psicologica è sempre attraversato, nella *Commedia*, dalla coscienza trascendentale della precarietà delle connotazioni linguistiche, dei probabili inganni di cui l'assunzione d'uno stile può farsi strumento e sostegno. La citazione straniante è l'esorcismo più esplicito che questa coscienza mette in atto. Se il linguaggio di Pier della Vigna, pur nell'astuzia rappresentativa e nel suo tragico splendore, è essenzialmente citazione, ciò significa che quel linguaggio è definitivamente attraversato, non più autorevole *exemplum*, ma utilizzabile materiale di repertorio.

Il processo peculiare ad ogni tradizione letteraria per il quale essa tende a istituzionalizzarsi e a mistificarsi come il linguaggio proprio e « naturale » della letteratura, non viene qui potenziato mediante il tentativo di ringiovanire le convenzioni reimmergendole in un mitico « palinsesto della lingua », ma viene energicamente contraddetto: la solidarietà fra tradizione retorica e prodotto letterario viene spezzata con un'operazione critica che determina da un lato la possibilità d'una scrittura capace di reintegrare e superare continuamente tutte le convenzioni retoriche e soluzioni stilistiche nel suo indefinito discorso, dall'altro deautomatizza quelle convenzioni e soluzioni non riconducendole alla spontaneità espressiva, ma alla consapevolezza della loro origine convenzionale, rileggendole, insomma, nel palinsesto della retorica.

La situazione escatologica del punto di vista e dell'invenzione conferisce poi allo straniamento dantesco nella *Commedia* e al suo intervento nei confronti della tradizione un carattere estremo. Si vede qui ancora come la prospettiva visionaria e sacrale del poema, che s'appunta nell'escatologia, sia fattore determinante di un'idea della letteratura, del suo configurarsi nell'ambito della tradizione, e dei modi stessi della scrittura letteraria.

Dal punto « a cui tutti li tempi son presenti » e in cui tutte le cose che avvengono nel tempo sono ribaltate e trovano la loro figura ultima e sostanziale, ogni scrittura storica, ormai trascritta nel senso spiegato e nella forma definitiva, appare palinsesto. È possibile ritrovarla e rileggerla, ma per un lume che non appartiene alla storia, che l'attraversa verticalmente e ogni volta la strania, la definisce incoativa e precaria, e ogni volta, di diritto e di fatto, superata.

> Lume non è se non vien dal sereno
> che non si turba mai, anzi è tenebra
> o ombra della carne o suo veleno.

Dal punto di vista della *Commedia* c'è un solo « liber scriptus » a pieno diritto, di fronte al quale tutti gli altri impallidiscono come lettera sbiadita, « ombra della scrittura ». Il paradosso del « poema sacro in una lingua peritura »,[16] quando s'estenda il significato della lingua a comprenderne l'uso poetico e i prodotti della retorica, è il paradosso, e la disperazione, d'ogni scrittura letteraria, ai quali la *Commedia* stessa non può e non vuole sottrarsi. Ma è anche la scoperta, forse mai così chiara come nel poema dantesco, della condizione della letteratura, della sua *humilitas* e della sua libertà, della funzione che le è assegnata di adoperare tutte le carte della finzione e insieme di segnarle, in un gioco sempre approssimativo, anche compromesso, eppure mai totalmente solidale con l'*hypocrite lecteur*.

[16] Cfr. G. Contini, *Dante come personaggio-poeta della « Commedia »*, in « L'Approdo letterario », cit., p. 27; ora in *Varianti . . .* cit.

IL TERZO CANTO DEL « PURGATORIO »

La tentazione spesso ricorrente di leggere i canti della *Commedia* in chiave di rievocazione poetica dei fatti della storia, o di trasfigurazione lirico-narrativa di situazioni psicologiche o di convincimenti dottrinali, si fa tanto più forte e persuasiva in un canto come questo dove storia e ideologia sono presenti con estrema nettezza di contorni e immersi, al tempo stesso, in un'atmosfera di risonanze elegiache di suggestione potente.

Eppure anche in questo caso una simile lettura appare riduttiva e unilaterale, ferma appunto alle risonanze e agli echi, e sostanzialmente incapace di cogliere il diverso dalle notizie della storia e della psicologia che l'invenzione poetica fornisce.

La prospettiva visionaria, nel senso precisamente sacrale che essa assume nella finzione del poema, e le costanti dell'artificio letterario dovranno allora essere considerate non come semplici eventuali componenti o come dati esornativi del discorso, ma come le coordinate entro le quali l'invenzione si colloca e dalle quali prende corpo e significato.

La prospettiva visionaria (comunque essa si configuri, sogno visionario, viaggio o visione reali) determina per tutta la *Commedia* uno svincolo dalle ragioni della storia e nei confronti di questa un atteggiamento di radicale giudizio che presenta, per altro, nelle tre cantiche aspetti sensibilmente diversi: per il *Purgatorio* essi si manifestano per la prima volta con una fisionomia definita e compiuta nel canto terzo, il primo direttamente e strenuamente impegnato in una vicenda fittissima di cultura e di storia.

Nell'*Inferno* e nel *Paradiso* tale prospettiva ha il suo luogo di irradiazione nel « punto / a cui tutti li tempi son presenti », è dedotta da un immobile punto di vista e con un grado di esaustiva pienezza che conferma il prevalere della tendenza scolastica ad assorbire i dati dell'escatologia nello *status animarum post mortem* e nel giudizio di Dio, con una decisa attenuazione della dimensione orizzontale della fine dei tempi, del compimento e della fine della figura del mondo.

Nel *Purgatorio* l'ottica si rovescia, dal basso verso l'alto, e l'invenzione si costituisce come una vicenda di preannuncio e di cominciamento di una pienezza destinata a collocarsi al di là del tempo e della storia. In questo senso, il *Purgatorio* è, tra le cantiche della *Commedia*, non solo quella che più compiutamente imita la condizione terrena, ma anche quella che più fedelmente reinventa e imita la figura essenziale dell'escatologia profetica. Per questa condizione dell'invenzione, per questa situazione di aspettazione continua d'un compimento, si fanno presenti e vive la coscienza e l'immagine delle cose che a quel compimento mancano, la pace e la beatitudine, ma anche, sul versante delle cose perdute e da recuperare e mettere al riparo dell'eterno, il proprio corpo, che se per le anime dell'*Inferno* e del *Purgatorio* è essenzialmente il dato di un discorso teologale, un elemento del composto umano che nella resurrezione della carne consentirà a dannati e beati, con esiti diversi, di andare aristotelicamente « in perfezione », qui, invece, è una cara assenza e insieme il segno d'una condizione provvisoria e divisa che solo alla fine del tempo troverà la sua integrazione. L'affettuoso legame che stringe al loro corpo le anime del secondo regno con una particolare frequenza e intensità non è dunque la conseguenza di uno stadio intermedio d'un progressivo distacco dalle realtà terrene, come spesso si è detto secondo una prospettiva banalmente platonizzante che è al tutto estranea alla mente e alla ideologia del poeta, ma è un aspetto della escatologia purgatoriale per la quale il compimento si proietta nel futuro e la mancanza, con tutti i suoi segni, si fa dolorosamente presente. Ma, soprattutto, questa ottica purgatoriale che s'appunta con sicurezza profetica nel compimento, consente e determina una trascrizione della storia e un sistema di rapporti tra questa e le cose e verità ultime la cui dominante non è tanto la subordinazione a un giudizio esaustivo, di condanna o di salvezza, ma un confronto critico, la misurazione continua dello scarto e della differenza. Il tempo e la storia sono allora contrassegnati nel *Purgatorio* non come il luogo della negazione di Dio o degli stampi vuoti il cui frutto è ormai raccolto nella gloria (« Ecco le schiere / del triunfo di Cristo, e tutto il frutto / ricolto del girar di queste spere », *Par.*, XXIII, 19-21); ma come germinazione felice o abortita a seconda che s'apra o si chiuda all'intervento della grazia e della giustizia soprannaturale.

Di qui, dunque, da questa prospettiva dinamica,

la frequenza del tema doloroso del corpo, della sua separazione e lontananza; di qui la presenza e il valore emblematico delle immagini della gestazione, dal « noi siam vermi / nati a formar l'angelica farfalla » alla voce che chiama nel pianto « come fa donna che in parturir sia », perfettamente intonate alle similitudini evangeliche e paoline che tracciano il diagramma e il senso escatologico della vicenda umana e cosmica; di qui, ancora, le due costanti distintive del narrato del *Purgatorio*: il richiamo frequente alla sollecitudine del passo, al dinamismo del pellegrinaggio (« l'*Inferno*, e ancor più il *Purgatorio*, esaltano l'andatura umana, la misura e il ritmo del passo »); [1] e la coralità, come disposizione fisica e psicologica, delle anime non ancora gerarchizzate da un'ultima sentenza e non ancora unificate nella carità perfetta, ma accomunate nell'unica salvezza futura.

Questa prospettiva fondamentale e le costanti rappresentative che ne derivano affiorano appunto con evidente rilievo nel canto terzo; ed è, per questo, esatto riconoscere in esso, oltre che il luogo del primo incontro dei poeti con una definita schiera di anime, ancora una funzione propedeutica all'intero *Purgatorio* non solo al livello generico dell'atmosfera spirituale e della psicologia ma più concretamente nell'indicazione delle strutture della conoscenza e dell'invenzione poetica.

Il canto s'apre sul tema della sollecitudine del passo, del dinamismo del pellegrinaggio ripreso e

---

[1] L'osservazione è di OSIP MANDELSTAM, nel « Discorso su Dante », in *La quarta prosa*, Bari, 1967, p. 131.

prolungato dall'epilogo del canto precedente che s'era chiuso sulla « masnada fresca » e sui due pellegrini frettolosamente avviati « inver la costa »:

> Avvegna che la subitana fuga
> dispergesse color per la campagna
> rivolti al monte ove ragion ne fruga
>
> i' mi ristrinsi [. . .]

Il tema è svolto e ribadito, sotto il suo aspetto fisico, in rapporto appunto alle anime in fuga verso la montagna; sotto l'aspetto psicologico, nell'interrogazione di Virgilio alla nuova schiera intorno alla via da prendere:

> ditene dove la montagna giace
> sì che possibil sia l'andare in suso;
> ché perder tempo a chi più sa più spiace

dove l'ultimo verso, come spesso avviene per la *Commedia*, fuori dal contesto può farsi sentenza memorabile, ma al suo interno acquista più precisi contorni e specifica funzione nell'allusione al « picciol fallo » della sosta al cantar di Casella e al rimprovero di Catone agli spiriti lenti che indirettamente aveva coinvolto anche i due poeti; e sembra, infine, anticipare implicitamente la trascrizione metaforica del discorso teoretico quando, toccando del mistero trinitario e del segreto delle sue operazioni, Virgilio lo colloca all'inizio d'una « infinita via » che s'apre al « trascorrer » sempre frustrato della ragione.

L'altra costante, quella della coralità, s'annuncia con evidenza primaria ed è segnalata sotto l'aspetto fisico nella « gente » che si muove unita, e ferma e stretta s'arresta e tutta insieme indica la strada:

> coi dossi de le man faccendo insegna

ma è anche compresa nella similitudine delle pecorelle che, accanto ad altra funzione che le assegnerà un ruolo fondamentale nell'economia del canto, ha anche quella più immediata di rivelare la solidarietà delle anime.

Il tema, infine, del corpo, con tutte le risonanze terrene che attorno ad esso si raccolgono, s'accampa simmetricamente e con forza eccezionale nei due episodi che aprono e chiudono il canto, la disputa sull'ombra sola (« Vespero è già colà dov'è sepolto ») e la persecuzione subita da Manfredi post-mortem (« l'ossa del corpo mio sarieno ancora / in co del ponte [. . .] »).

Ma soprattutto nell'energia con cui la sequenza delle vicende si ordina e si illumina nella prospettiva visionaria ed escatologica propria del *Purgatorio* il canto esplica il suo ufficio propedeutico, di preludio strutturale alla cantica, e dichiara insieme compiutamente i suoi significati.

Nell'episodio di apertura, quello, appunto, della disputa sull'ombra sola e sui corpi diafani e pure resi capaci di « sofferir tormenti e caldi e geli », l'evento minimo – l'ombra di Dante non accompagnata da quella di Virgilio – s'estende subito alla considerazione dei cieli diafani e trasparenti – « che l'uno a l'altro raggio non ingombra » – e più oltre al culmine trinitario da cui discendono le imperscrutabili operazioni divine e, più a fondo nel mistero profetico, alla necessità per l'uomo del parto di Maria; nell'episodio che chiude, la persecuzione ecclesiastica alle ossa di Manfredi è immediatamente contrapposta alle « gran braccia » della « bontà infinita » in cui solamente ogni destino trova la sua sanzione e il suo compimento.

A questa prospettiva entro la quale il canto si costruisce bisognerà ancora rifarsi quando, al di là dell'eventuale unità lirica, felicemente individuata e descritta come dialettica di comunione-esclusione,[2] e dell'eventuale unità strutturale, si voglia più semplicemente cogliere il rapporto tra le varie parti e la reciproca illuminazione che ne deriva, soprattutto tra i due momenti sui quali poggia l'arco del canto: il discorso iniziale di Virgilio sui limiti della ragione umana e il discorso finale di Manfredi intorno alla propria morte e alla vicenda delle spoglie, che pure appaiono a un primo sguardo così distanti ed estranei al punto che il primo di essi sembra quasi racchiudersi in una parentesi, di estrema importanza e intensità, ma sostanzialmente esterna alla vicenda complessiva del canto, il quale rischia a sua volta di appuntarsi nella figura e nell'episodio di Manfredi: canto di Manfredi, appunto, più che terzo canto del *Purgatorio*, così come non solo per artificio mnemonico ma

---

[2] Da WALTER BINNI nella sua lettura del canto già tenuta a Ravenna, Casa di Dante, 1953, pubblicata anche in « La Rassegna della Letteratura italiana », 3-4 (1955) e raccolta poi nelle *Letture dantesche*, a cura di G. Getto, vol. II, Firenze, 1964, pp. 725-745.

per vizio tenace di lettura si dice ancora canto di Francesca, canto d'Ugolino ecc. . . .

Il rapporto purgatoriale tra il tempo, la storia e ciò che sta al di là del loro confine, il suo configurarsi non come opposizione e irreducibile contrasto, ma come rapporto critico, confronto del precario, dell'imperfetto, del minacciato sempre da colpa e rovina con la misura della perfezione come compimento, ha la sua proiezione figurativa più immediata nella rappresentazione del rapporto che si stabilisce tra le anime scorporate e il corpo del pellegrino con la sua inevitabile appendice d'ombra. Il tema, intanto, dell'opacità del « corpo uman » e della resistenza che oppone ai raggi del sole è toccato in questo canto per la prima volta, con una insistenza singolare e simmetrica: ai vv. 16-21

Lo sol, che dietro fiammeggiava roggio,
rotto m'era dinanzi a la figura,
ch'avea in me dei suoi raggi l'appoggio.

Io mi volsi dallato con paura
d'essere abbandonato, quand'io vidi
solo dinanzi a me la terra oscura.

che dicono lo stupore smarrito di Dante nel non vedere l'ombra e quindi la « persona » di Virgilio; e ai vv. 88-91

Come color dinanzi vider rotta
la luce in terra dal mio destro canto,
sì che l'ombra era da me a la grotta

restaro e trasser sé in dietro alquanto

che dicono invece la trepida meraviglia delle anime nello scorgere l'ombra e la persona di Dante, con quel richiamo lessicale – *rotta* – alla situazione precedente e qui rovesciata.

È stato giustamente osservato che la presenza fisica di Dante « nell'*Inferno* era sopra tutto un motivo di contrasto drammatico con le anime » e che « nel *Purgatorio* diventa un motivo di contrasto figurativo e il contrappunto di uno stato d'animo »,[3] ma si può aggiungere, al di là della notazione psicologica, che essa costituisce il segnale rivelatore di una situazione: per l'*Inferno*, l'eterogeneità tra il pellegrino toccato dalla grazia del viaggio ordinato alla conoscenza e alla salvezza e i dannati esclusi dalla vita e dalla grazia; per il *Purgatorio*, la collisione tra la dimensione temporale, del corpo della carne e delle vicende terrene che li segnano, con la dimensione extratemporale della sicura liberazione dai limiti che definiscono e insieme affliggono il tempo. Lo sgomento e lo stupore reciproci tra il pellegrino dal corpo opaco e le « ombre vane » del secondo regno è il segno critico iniziale di una progressiva compenetrazione, di un difficile scambio tra due universi dell'esperienza.

Dante, con e per il suo corpo, è il passato delle anime, come le anime sono il futuro di Dante, il luogo della sua trascrizione escatologica e della sua comprensione.

Di qui, sul versante delle anime, l'interpretazione dei segni del cammino faticoso

[3] Cfr. A. Momigliano, comm. al *Purgatorio*, Firenze, 1950, p. 282.

« Or chi sa da qual man la costa cala »
disse il maestro mio fermando il passo
« sì che possa salir chi va sanz'ala? »

« ditene dove la montagna giace
sì che possibil sia l'andare in suso »

non come metafore della purificazione, ma come memoria solidale di quella fatica, e la conseguente solidale comprensione e il consapevole aiuto:

« Tornate » disse; « intrate innanzi dunque »
coi dossi de la man faccendo insegna;

di qui, sul versante del pellegrino, i riferimenti terreni per la misura di questa fatica,

Tra Lerice e Turbia la più diserta,
la più rotta ruina è una scala,
verso di quella, agevole e aperta

istituiti non solo come termini di paragone geografici ed esplicativi, da minore a maggiore, ma come umile e sbigottita notizia, che sollecita la solidarietà del lettore, della verifica d'una dismisura tra due paesaggi dell'essere che Dante è chiamato a sperimentare. Il risolversi dello scontro tra il corpo opaco che produce ombra e le anime diafane e aperte alla luce in dialogo fraterno, l'alternanza continua del ritrarsi delle anime e dell'incontro festoso sono il residuo psicologico e il riflesso figurativo della condizione paradigmatica della seconda cantica, nella quale la conoscenza e la visione nascono progressivamente da un confronto critico, da un doloroso innesto. Il dinamismo di questa esperienza si comunica alla mole stessa della montagna

che 'nverso 'l ciel più alto si dislaga

la quale non è solo né tanto la scenografia esterna sulla quale si rappresenta il cammino della conoscenza, ma nel suo senso spirituale, allegorico e anagogico, è la dimensione stessa in cui si attua la conoscenza come cammino. La dominante, così, del giudizio purgatoriale non è la condanna né la celebrazione, ma il superamento, la misura continua d'una differenza, il riconoscimento, tanto più ricco di *charitas* quanto più lucido e sicuro, dell'insufficienza ineliminabile e della zona d'ombra inseparabile da tutte le cose non ancora sciolte dall'involucro del tempo.

Questa differenza che non ostacola ma fonda la comunicazione e lo scambio non si riflette solamente nel contrasto figurativo, ogni volta risolto in solidarietà e in dialogo, tra corpo-ombra e anime-assenza d'ombra, ma è l'esperienza conoscitiva che viene trasmessa dalla totalità dell'artificio costruttivo, dal modo in cui si configura il ritmo binario che scandisce all'interno le tre parti di cui consta lo sviluppo complessivo del canto.

Dopo l'esordio, le tre parti s'estendono rispettivamente la prima dal v. 16 al v. 45, la seconda dal v. 46 al v. 102, la terza dal v. 103 alla fine.

L'esordio svolge una duplice funzione di ripresa e di avvio. La ripresa è sul tema della disordinata e « subitana fuga » che chiudeva il canto secondo e che prosegue per le anime rivolte « al monte ove ragion ne fruga », mentre subito si interrompe e si placa per i due pellegrini in una sosta fisica che lascia spazio per una breve sosta meditativa, per una puntualizzazione che si svolge sui due versanti prima della dignità interiore e morale

El mi parea da sé stesso rimorso:
o dignitosa coscienza e netta
come t'è picciol fallo amaro morso!,

poi della dignità esteriore del comportamento

Quando li piedi suoi lasciar la fretta
che l'onestade ad ogn'atto dismaga

L'avvio è negli ultimi due versi che, dopo la sintassi alquanto affaticata dei precedenti, punteggiata di interrogative retoriche e di esclamative, ora distinta nella paratassi ora intricata nelle subordinazioni, funzionalizzata, per segmenti che s'intrecciano, ora alla descrizione ora alla meditazione, finalmente « rallargano » anche sintatticamente, come l'« intento » del pellegrino, nella prospettiva del viaggio irrevocabile

e diedi 'l viso mio incontr'al poggio
che 'nverso 'l ciel più alto si dislaga.

Subito dopo, la prima parte s'apre con l'accenno, consueto al *Purgatorio*, all'ora del tempo e alla posizione del sole, sul quale immediatamente, senza indugi descrittivi, si innesta il movimento narrativo: il fatto del volgersi di Dante per paura d'essere abbandonato quando solo dinanzi a sé vede la terra oscura. La plausibilità di questa paura non è solo implicitamente affidata alla nozione del viaggio periglioso, ma è stata esplicitamente anticipata, con sapiente strategia narrativa, nei versi della seconda terzina dell'esordio:

> i' mi ristrinsi a la fida compagna:
> e come sare' io sanza lui corso?
> chi m'avria tratto su per la montagna?

La sua infondatezza, invece, è un'acquisizione successiva, rivolta in avanti, verso il futuro dell'*institutio* purgatoriale che qui comincia a delinearsi e definirsi come preciso accumulo di conoscenze che con sapiente pedagogia prende l'avvio dai segni più comuni e consueti dell'esperienza quotidiana per trasferirli e trascriverli in un ordine diverso di significati. La vicinanza delle persone, che nella consuetudine terrena ha il suo doppio nelle ombre parallele, è affidata qui ad altri segni; e uno stesso segno, l'assenza dell'ombra, acquista significati diversi: non segnala l'allontanarsi del compagno, ma la presenza di un'altra legge, un altro piano delle operazioni divine che non possono certo ricondursi pacificamente al piano dell'esperienza storica e sensibile ed in esso esaurirsi.

Maestro e guida in questa *institutio* è Virgilio che unisce al sapere del savio l'accortezza psicologica e tecnica del *magister*, e per questo è da Dante chiamato, qui e nel IX del *Purgatorio*, « mio conforto »: una formula appropriata ma probabilmente non d'invenzione, un calco fedelissimo del provenzale *mon Conortz* di Bernart de Ventadorn, un *senhal* amoroso che qui viene ripreso ed estraniato dal contesto cortese e solo ricorre per Virgilio, appunto, e poi per

Beatrice (*Par.*, XVIII, 8), e che nell'identità del sintagma sottolinea gelosamente, in quel *mio*, la diversità del privilegio e della situazione.

Si passa così dall'osservazione empirica del fenomeno alla considerazione cosmologica dei cieli diafani « che l'uno a l'altro raggio non ingombra », a quella, già segnata di religioso mistero, dei corpi fittizi disposti dalla virtù divina a sofferir tormenti e caldi e geli in un modo che non è conoscibile ma che troverà un suo fondamento nella digressione antropologica di Stazio nel c. XXV.

Le parole di Virgilio hanno percorso, fino a questo punto, nell'arco di sole quattro terzine, molto spazio dal fatto iniziale dell'ombra sola, ma si sono disposte secondo una progressione lineare e sostanzialmente omogenea, all'interno del rapporto tra le realtà incorporee e gli interventi della virtù divina. Ma alla terzina successiva

> Matto è chi spera che nostra ragione
> possa trascorrer la infinita via
> che tiene una sustanza in tre persone

il discorso s'impenna. È il momento che un chiosatore settecentesco, Pompeo Venturi, definì: « Mirabile scappata e quasi importuna ». Forse non tanto importuna quanto può sembrare a prima vista, se « l'infinita via » è pur sempre una metafora dei modi misteriosi tenuti dalla virtù della terzina precedente; ma l'approdo rapidissimo al mistero trinitario e tutto quel che segue fanno indubbiamente registrare uno scarto violento, mentre, inoltre, l'oggetto che ha dato l'avvio all'argomento viene totalmente obliterato.

In questo punto affiora bruscamente in luce, sotto il tessuto narrativo e la trama dell'argomentare, senza equivoci e attenuazioni, il ritmo binario su cui poggia la struttura del canto e la figura ideologica ch'esso assume in questo primo episodio: la misura della differenza tra ragione e fede. Tale differenza era come sfumata, nelle terzine precedenti, dall'umile riconoscimento di un'efficacia divina non misurabile con lo strumento razionale, reso più facile dall'evidenza sensibile e quasi didascalica dell'equivoco in cui la mente di Dante era caduta. Il nucleo ideologico della questione era già anticipato in queste terzine che rispondono all'obiezione degli averroisti, e di Sigieri soprattutto,[4] circa l'impossibilità di accettare in via filosofica la sensibilità alla pena e alla sofferenza delle anime separate dal corpo, ma appare nella sua forma più esplicita e drammatica quando, abolito ogni singolo oggetto della controversia, vengono chiamati al confronto i due nudi termini della ragione e della fede, che con vertiginosa rapidità di sintesi vengono qui storicizzati e fatti coincidere l'uno con l'intera fatica della cultura umana, l'altro col parto di Maria, centro di convergenza e di irradiazione dell'intera storia sacra.

Risuona in questo passo il tema lirico della esclusione-comunione che si farà esplicito e definitivo nell'incontro con gli scomunicati avviati alla salvezza; ma, soprattutto, si definisce chiaramente quale sia, se-

---

[4] Cfr. B. Nardi-P. Mazzantini, *Il canto di Manfredi e il Liber de pomo sive de morte Aristotilis*, in « Lectura Dantis romana », Torino, 1964, p. 8.

condo la dinamica escatologica del *Purgatorio*, il rapporto tra fede e ragione. I contenuti della conoscenza razionale e quelli della rivelazione non si collocano in opposizione, che sarebbe estraneo all'ideologia dantesca, e neppure in statica subordinazione gerarchica, ma nella prospettiva di una tensione dei primi verso i secondi sempre frustrata, non per i limiti morali e intellettuali dei singoli (per tutti Virgilio stesso, il « savio gentil che tutto seppe »), ma per radicale assoluta insufficienza. I nomi d'Aristotile, di Plato e di molt'altri sono gli emblemi dello sforzo umano soggettivamente e oggettivamente più alto, sono tali che « sarebbe lor disio quetato »; ma si noti come la definizione del diagramma di questa fatica – e « disiar vedeste sanza frutto » – disegni la figura di una crescita incompiuta, di una germinazione abortita – *sanza frutto* – non *per accidens* ma perché questa è, nella mente di Dante, la fisionomia, nobilissima e disperata, di tutta la storia antica prima del parto di Maria. Quel verbo – *disiar* – riecheggiato subito nel sostantivo – *disio* – del verso seguente non è semplice notazione psicologica, ma svolge, all'interno del libro, la funzione di una spia allusiva al c. IV dell'*Inferno*, al Limbo, dove le anime dicono di sé « sol di tanto offesi / che sanza speme vivemo in disio ». Il Limbo è appunto il luogo nel quale si raccoglie la disperata giustizia delle cose, tutti gli uomini, le loro opere e i giorni, che contrassegnati dalla giustizia naturale, non sono stati toccati e perfezionati dal dono gratuito della rivelazione e della grazia. Il *Purgatorio* è il luogo della comprensione di questo limite mondano, ineliminabile prima dell'avvento di Cristo, eventuale e sempre minacciato dopo, piuttosto che del male e del peccato. Si attua così in esso una conoscenza tragica del mondo, diversa nei modi e nell'oggetto dall'*Inferno* e dal *Paradiso*, ma non meno estrema, anche se qui la tragedia è più segreta e sottile, perché la forma dominante in cui s'esprime è quella, solidale e critica insieme, della comprensione.

Se l'aspirazione a « veder tutto », ad attingere le ragioni prime delle cose con i soli mezzi umani è nobile sforzo, per quanto oggettivamente « folle » come già Ulisse aveva detto, prima della nascita di Cristo, dopo tale evento essa può essere presunzione e peccato ed è comunque sempre almeno errore di metodo. Per questo, quando si rivolge a quelli che vengono dopo, che videro il disiare senza frutto della gente d'Aristotile e di Plato e compresero la necessità del « parturir di Maria », Virgilio aggiusta il suo discorso sulle formule del linguaggio scolastico:

State contenti umana gente al quia

non alla conoscenza di « tutte quelle cose che lo intelletto nostro vincono » [5] per mezzo della causa, la *demonstratio propter quid* nella formula delle scuole, ma alla constatazione degli effetti, al *quia* dichiarativo del latino scolastico.

Il tecnicismo pedagogico dell'ammonizione virgiliana si dissolve immediatamente nell'annuncio dell'indispensabile avvento di Cristo con una rapidità di transizione, nelle forme e nei significati, che carat-

[5] Cfr. *Convivio*, III, 8.

terizza per altro tutto il passo ed è il segno strutturale del rapporto critico che qui s'instaura, al di là delle sistemazioni di scuole, tra il piano della conoscenza razionale e quello della rivelazione soprannaturale; e, insieme, del punto di vista visionario che determina l'altissimo discorso virgiliano. Solo da un punto di vista totalmente svincolato dalle coordinate di spazio e di tempo, dalla successione logica delle argomentazioni, dall'adozione secondo il verisimile delle forme linguistiche è possibile comprendere la strutturazione complessiva del passo nel quale s'incontrano e sovrappongono contenuti, funzioni e comportamenti linguistici distanti ed eterogenei ad arricchire all'estremo la tensione e il rapporto tra i due poli ideologici del discorso.

Basti pensare, per fermare solo un punto, alla costituzione della figura di Virgilio in questo luogo: perfettamente individuato sia nella sua realtà storica, con quell'accenno al corpo nel vespro di Napoli [6] e la citazione dell'epitaffio (« Calabri rapuere; tenet nunc Parthenope »), sia nel suo destino oltremondano tra i grandi pagani nel lutto del Limbo, egli è fat-

---

[6] Non può sfuggire la suggestione lirico-evocativa, potente eppure appena accennata, di questo « vespero » nelle parole di Virgilio; ma anch'esso ha una sua funzione e giustificazione contestuale, come osserva F. Torraca: « Cagione della paura di Dante è stato il sole, il quale gli ha fatto fare un'osservazione nuova, impeditegli sinora dalle tenebre infernali; e Virgilio, che ha subito compreso, congiunge per rapida associazione l'idea del suo corpo sepolto a Napoli con quella dell'ora di Napoli, come per dire: Qui il sole in tutto il suo splendore, là cala la sera » (cfr. comm. al *Purgatorio*, Roma, 1951[12], p. 324).

to al tempo stesso banditore all'« umana gente » del significato del parto di Maria; si pensi al caso di suprema trasgressione linguistica rappresentato dalla gestione in proprio di quel *quia* da loico medievale (tanto più evidenziato dalla contiguità dell'apostrofe, evangelica e paolina insieme, « state contenti ») che apparirebbe un *monstrum* dal punto di vista della verisimiglianza rappresentativa dell'autore dell'*Eneide* e che risponde invece perfettamente alla sua reinvenzione visionaria che, operando in uno spazio acronico e tutto interno all'universo del libro, preleva e disloca gli strumenti e i materiali più eterogenei obbedendo alla sola logica dell'*exemplum* eloquente e persuasivo.

Questa prima parte del canto rappresenta senza dubbio un culmine nel processo di costruzione figurativa e linguistica del personaggio Virgilio all'interno del poema e il luogo forse più evidente della convergenza e indisgiungibilità in questa costruzione dei dati storico-psicologici con quelli allegorico-figurali. Mai come in questo passo distanza e immedesimazione tra la guida e il protagonista del viaggio s'intrecciano e si condizionano reciprocamente, con una prodigiosa identificazione dei due opposti procedimenti di rappresentazione oggettiva e alternativa e di ricostruzione soggettiva e solidale del personaggio. Virgilio persona storica è lontano e distintamente altro da Dante nella citazione dell'epitaffio, nelle indicazioni storiche e geografiche che ne affiorano ed è lontano nella personificazione allegorica del *lumen naturale* tenuto al di qua della rivelazione; così come è solidale sino alla immedesimazione nel significato allegorico della conoscenza razionale che riconoscendo la propria debolezza celebra una severa palinodia del culto geloso di cui nel *Convivio* era stata fatta oggetto, e ancora come persona storica e realtà psicologica nella esperienza esistenziale del limite:

> [...] e qui chinò la fronte
> e più non disse e rimase turbato

dove le due figure (quel « chinò la fronte » rimanda invincibilmente al « china' il viso » del quinto dell'*Inferno*) sembrano sovrapporsi; ma non sino alla totale indistinzione e risoluzione lirica dell'alterità, che sarebbe soluzione semplificatoria e riduttiva estranea ai procedimenti dell'invenzione poetica dantesca, Virgilio vivendo ed esemplificando come danno escatologico quella che fu la minaccia più radicale della vicenda intellettuale di Dante.

La seconda parte del canto prende l'avvio mediante un contrasto ritmico e semantico fortissimo:

> Noi divenimmo intanto a pié del monte;
> quivi trovammo la roccia sì erta
> che 'ndarno vi sarien le gambe pronte

che riconduce energicamente il lettore alla dominante del narrato della seconda cantica, la sollecitudine del passo, e qualifica dialetticamente anche la pausa del discorso e del turbamento di Virgilio come « una concentrazione di moto accumulato »,[7] ancora secondo un carattere comune alle soste purgatoriali.

---

[7] Cfr. O. MANDELSTAM, *op. cit.*, p. 131.

Tutta la dinamica dell'episodio è strutturata mediante i due opposti moti delle anime: il loro lento avanzare

> da man sinistra m'apparì una gente
> d'anime che movieno i pié ver'noi,
> e non pareva, sì venian lente

e la sosta dubbiosa alla vista dei due pellegrini

> quando si strinser tutti ai duri massi
> de l'alta ripa, e stetter fermi e stretti
> com'a guardar chi va dubbiando stassi;

il cammino che riprende

> sì vid'io muover a venir la testa
> di quella mandra fortunata allotta,
> pudica in faccia e ne l'andare onesta.

e il brusco ritrarsi di fronte all'ombra di Dante

> restaro, e trasser sé in dietro alquanto.

Si ribadisce così il ritmo binario dell'invenzione, qui come contrasto figurativo e, insieme, come s'è detto, segnale metaforico di un confronto critico, di una misura della differenza tra due dimensioni, la temporale e carnale e la extratemporale e spirituale, dell'esistenza.

Al centro dell'episodio si colloca, con grande rilievo e sviluppo, la comparazione della mandra fortunata con il gregge delle pecorelle; un caso, per l'esattezza retorica, di *similitudo per collationem*, che concede ai due termini uno sviluppo ampio e parallelo, senza mistione e sovrapposizione: un modo cioè di trattare la figura della similitudine che, al di là dei divieti e delle preferenze delle *artes dictandi,*[8] ricongiunge la pratica dantesca – per quanto almeno attiene alla configurazione tecnica – ai modelli della tradizione classica e all'*exemplum* privilegiato dell'*Eneide.* È un momento di alto virtuosismo descrittivo e di efficacia mimetica eccezionale; ma la sua funzione e la sua giustificazione non si esauriscono certo nel valore esplicativo della similitudine e nello splendore della *plaque* decorativa. Si osservi, anzitutto, come, secondo una consuetudine retorica della *Commedia,* il determinante anticipato del paragone acquisti eccezionale rilievo e una consistenza autonoma che travalica la funzione subordinata, pure assolta senza residui, di designare e illustrare i movimenti e il comportamento della mandra degli scomunicati. Ma rilievo e autonomia del termine del confronto possono avere il duplice esito e il segno opposto da un lato dell'indugio descrittivo e del preziosismo decorativo, dall'altro di un accrescimento dei contenuti o dei significati del discorso. In questa seconda direzione, e più precisamente dell'accrescimento funzionale dei significati, si muove la similitudine delle « pecorelle », dal centro al cerchio dell'episodio, ribadendo una delle costanti che reggono l'universo

---

[8] Si veda, in proposito, E. Faral, *Les arts poétiques du XII*[e] *et du XIII*[e] *siècle,* Paris, 1923, pp. 69-70, dove si forniscono le prove di questo orientamento delle poetiche medievali e si osserva, inoltre, come negli stessi rifacimenti dei soggetti classici si tenda a sopprimere le comparazioni « partout où leur modèle s'en est servi ».

della scrittura dantesca: la perpetua convertibilità dei dati lirici, descrittivi, narrativi ecc. . . . nella coerenza significativa della struttura. Così, per toccare solo qualche punto di un intreccio fittissimo di significati e funzioni, la semplicità e inconsapevolezza del gregge – « e lo 'mperché non sanno » – sta come *exemplum* protratto e parabola del precedente ammonimento virgiliano – « state contenti umana gente al quia » –; e il muover della mandra – « pudica in faccia e ne l'andare onesta » – s'oppone al passo, che apre il canto, di Virgilio, alla fretta « che l'onestade ad ogn'atto dismaga »; e la condizione unanime di gregge designa e svela la condizione purgatoriale di contrappasso dei ribelli scomunicati, qui votati a una comunione totale in cui la stessa intelligenza e volontà individuali sembrano abolite nell'obbedienza al semplice moto e gesto di quelli che stanno « dinanzi »; e, ancora, anticipando la terza parte del canto, il carattere convenzionalmente sacrale e biblico, dal Vecchio al Nuovo Testamento, dell'immagine – la « mandra », senza pastore visibile – starà come termine tragico di confronto e giudizio dell'altra mandra meno fortunata della chiesa militante, e dei pastori visibili, come quel di Cosenza, occupati piuttosto a disperderla, fin nelle ossa, che a radunarla e guidarla.

In questa condizione d'unanimità e di gregge, ad essa intimamente solidale, si determina la figura unica e suprema del canto, Manfredi re, guerriero e poeta.

La suggestione elegiaca e la potente organicità dell'invenzione esaltano e insieme confondono gli ingredienti storici e linguistici messi in atto per la costruzione poetica del personaggio, col rischio di far perdere di vista i risultati dell'accertamento filologico per il rinvio genericizzante alla virtù trasfiguratrice del poeta, prima che si siano ricavati dai dati dell'accertamento le indicazioni di struttura e di significato di cui sono spia e veicolo. La scomposizione di questi dati conferma, intanto, la presenza anche qui del procedimento contaminatorio tipico della *Commedia* nella costituzione dei suoi *exempla*, della convergenza in un'unica figura di elementi attinti alla storia e alla tradizione classica, biblica e romanza, secondo una coerenza simbolica e figurale di fronte alla quale il verisimile della natura e della storia si configura come il materiale subordinato dell'invenzione significativa.

I segni di riconoscimento e di definizione della figura e della sua vicenda sono così anzitutto prelevati dal repertorio della cronaca e della memoria comune: « nepote di Costanza imperatrice » e padre dell'altra Costanza « genitrice / dell'onor di Cicilia e d'Aragona » dove il « bene genitus » del *De Vulgari eloquentia* (I, *12*) trasferisce sull'asse incontaminato dell'ascendenza e discendenza femminile le insegne della regalità, a implicita conferma del possesso legittimo del Regno, con un cenno di compiacimento paterno e con l'esclusione d'ogni riferimento al padre e ai nipoti, con tutte le note di pubblica lotta, d'eresia e di tralignamento che l'uno o gli altri portano con sé, per un racconto che si farà sempre più segreto e personale, com'è d'ogni racconto della salvezza; la sepoltura e la postuma caccia già presenti nella Cronaca di Ricordano Malispini nella forma dubitativa – « ma poi si disse » – che sarà anche del Villani.[9] L'intreccio delle fonti e il processo contaminatorio si fanno più fitti e complessi per il verso più celebre, « biondo era e bello e di gentile aspetto », che è analiticamente fedele ai tratti convenzionali e tramandati del principe svevo, da Saba Malaspina (« Homo flavus, amoena facie, aspectu placibilis ») al Villani; ma a questi tratti subito si sovrappongono la reminiscenza biblica, del Davide del *Libro dei Re* (XVI, 12) (« Erat autem rufus et pulcher adspectu decoraque facie ») a designare, insieme con la connotazione morale dell'umiltà, il re e il poeta; e quella romanza del verso della *Chanson de Roland* (« bels fut e forz e de grand vasselage »)[10] anche sintatticamente sovrapponibile a quello dantesco.

Dante a questo volto venuto fino a lui dalla memoria tramandata, dalla tradizione letteraria laica e sacrale, aggiunge un segno: « ma l'un de' cigli un colpo avea diviso » dove l'avversativa non esprime solo un contrasto figurativo, né solamente, sul piano simbolico, manifesta, quasi per un emblema di nobile, araldica efficacia, il dramma d'una personalità e d'una vita prodigiosamente lacerate, ma sta anche

---

[9] L'ipotesi che la cronaca di Ricordano Malispini (nella sua perduta redazione originaria) sia stata la fonte storica di Dante, è sostenuta e illustrata da R. MORGHEN in « Bollettino dell'Istituto Storico Italiano », XL (1920), XLI (1921), XLVI (1931). Sull'argomento, anche G. RAGONESE, *Nota sul Manfredi di Dante*, in « Atti del Convegno di Studi su Dante e la Magna Curia », Palermo, 1966.

[10] L'indicazione è di W. BINNI, nella lettura citata.

a segnalare, proprio in rapporto alla somma delle notizie tramandate e raccolte, lo scarto autoritario dell'invenzione, l'imposizione di un'altra storia e di un altro ordine di significati che nel corso dell'episodio si sviluppa e rivela.

Un analogo procedimento contaminatorio si riscontra quando dai dati esterni della figura e della vicenda si passa a considerare il linguaggio composito di Manfredi. In questo linguaggio si ritrovano, intrecciati e sovrapposti ma ben riconoscibili, le tracce del poeta e *dictator* soprattutto nell'abbondanza di metafore e perifrasi diffuse per tutto il passo, le forme vigorose e precise del discorso giuridico e canonistico nella definizione dell'efficacia e dei limiti della scomunica e degli effetti oltremondani della « contumacia », le grandi dichiarazioni veterotestamentarie della misericordia di Dio, divenute ormai per la secolare *ruminatio* del testo biblico formule della memoria cristiana, le reminiscenze dall'*Eneide* per il tramite del grande tema virgiliano dei corpi insepolti, al v. 130 (« nunc me fluctus habet versantque in litore venti ») e ai vv. 136-138 (« Nec ripas datur horrendas et rauca fluenta / Transportare »), l'eleganza dimessa e sicura del linguaggio familiare.

Voler ricondurre a unità e motivazioni psicologiche o storiche tutti questi elementi diversi ed eterogenei, significherebbe ancora una volta ridurre il testo dantesco a semplice documentazione poetica della storia e della psicologia, privandolo di quanto esso apporta di specifico e irriducibile. Anche Manfredi è *exemplum* e figura, luogo di un'esperienza conoscitiva e d'un giudizio escatologici, e in questa prospettiva si dispiegano e giustificano i significati molteplici del passo che non si appunta nella rievocazione della realtà storica e psicologica ma da essa e dalle sue convenzioni prende solo le mosse. In questa prospettiva, ancora, si illumina il senso della suprema e sacrale caratterizzazione fisica del personaggio:

> Quand'io mi fui umilmente disdetto
> d'averlo visto mai, el disse « Or vedi »;
> e mostrommi una piaga a sommo il petto.

L'analogia col Cristo di Luca (XXIV, 36-43; e anche di Giovanni, XX, 19-23) che appare dopo la resurrezione agli apostoli che non sanno riconoscerlo, è evidente nella identità del gesto e della ferita, e sottolineata nella iterazione del vedere – « d'averlo *visto* mai, el disse Or *vedi* » – che echeggia la stessa iterazione, *videte*, *vide*, *vidisti*, dei testi evangelici. Da questo vertice, dunque, che non esclude alcuna delle connotazioni di altro ordine, che nulla toglie alla concretezza dei dati storici e psicologici, ma conferisce loro una trasparenza figurale che li trasmuta non per semplice sublimazione lirica e descrittiva, ma per ristrutturazione significativa, Manfredi conduce in ultima analisi il suo discorso.

Già modellata su Davide, tipo e anticipazione del Messia, ed ora fregiata dei segni stessi della Passione, la figura di Manfredi, e il suo discorso, si definiscono in una situazione paradossale nei confronti del giudizio mondano e delle previsioni della storia. Così il « paradosso sublime di un condannato che ristabilisce un piano più alto di giustizia contro i suoi giudici »[11] si integra e si esalta nell'altro, del peccatore che nell'analogia con Cristo diventa la vittima della giustizia legalitaria dei « nuovi farisei ».

Ma è ora necessario, per cogliere il senso complessivo della terza e ultima parte del canto, reintegrare il personaggio e il suo discorso all'interno delle coordinate che reggono questo episodio conclusivo. Il tema, intanto, della scomunica e della persecuzione ecclesiastica che, in formulazioni analoghe, è nel poema all'origine di tante pagine di violenta polemica e condanna, qui non si inscrive nel genere letterario dell'invettiva e pertanto le notizie e dichiarazioni di cui è intessuto non possono essere lette, secondo le convenzioni di quel genere, al livello dell'*indignatio*, con tutta la libertà d'invenzione nella situazione e nei particolari che questo livello consentiva allo scrittore medievale; ma si inscrive piuttosto nell'ambito di un'altissima cronaca versificata che assume i contenuti del suo intervento dai dati storici accertati o, comunque, considerati tali almeno per convenzione: in questo caso la versione della leggenda di Manfredi che lo faceva pentito e salvo in punto di morte,[12] resa plausibile, a un più alto livello, da quelle virtù che gli sono riconosciute nel *De vulgari eloquentia* e dai sentimenti espressi in quel prologo al pseudo-aristotelico *Liber de pomo* dettato dallo stesso Man-

[11] Cfr. W. Binni, lett. cit., p. 743.

[12] Cfr. F. Novati, *Indagini e postille dantesche*, Bologna, 1899, p. 117.

fredi e così suggestivamente vicino ai versi danteschi almeno in un punto:

Quamvis de nostre perfectionis premio possidendo non nostris inniteremur iustitie meritis, sed soli misericordie creatoris.[13]

Anche qui poi si riconosce la presenza del ritmo binario che regge le altre parti del canto, secondo lo stesso rapporto e significato non di opposizione e contrasto, ma di confronto critico, di misura della differenza, del limite, dell'imperfezione, condotta da un punto di vista svincolato per sola grazia di Dio dai condizionamenti del tempo e della carne e aperto all'orizzonte del compimento immancabile. I termini del rapporto in questa fase suprema del canto sono da un lato la bontà di Dio, certissima e imperscrutabile, e dall'altro la Chiesa nella sua configurazione gerarchica e istituzionale.

Il momento di massima tensione fra i due termini è nei vv. 121-132, nelle terzine che dichiarano il peccato e il perdono contrapposte a quelle che descrivono la caccia spietata e il disseppellimento. Il grado di questa tensione veramente estremo, assai più di quanto sino ad ora s'è visto per l'insistenza sul carattere elegiaco dell'episodio, si può valutare solo scorgendo, sotto il tono medio e il pacato registro del discorso, la presenza dei riferimenti scritturali, letterari, dottrinali, la dialettica interna dell'in-

---

[13] Il testo del *Liber de pomo* si legge in edizione critica in B. Nardi-P. Mazzantini, *op. cit.*, a cura del secondo; per il passo citato del prologo, cfr. p. 39.

venzione metaforica e i riflessi significativi che si riverberano sul passo dalle altri parti del canto. Nella prima terzina

> Orribil furon li peccati miei;
> ma la bontà infinita ha sì gran braccia
> che prende ciò che si rivolge a lei

nella stupenda contrapposizione ritmica e melodica tra il verso d'apertura tutto ritratto e corrugato sulle sillabe iniziali che manifestano senza riserve una vita di peccato e i due versi seguenti che si distendono e dilatano nella dichiarazione della misericordia, sono contenute insieme la dottrina paolina della grazia la quale « superabundat » dove abbonda il peccato e la rivelazione suprema delle Scritture, la bontà di Dio, che abbraccia il cielo e la terra. Il comportamento degli uomini di Chiesa subito dopo descritto appare allora negazione pratica del messaggio cristiano e al tempo stesso cecità dottrinale. E c'è una suprema ironia nell'accostamento delle due metafore, legate anche fonicamente nella rima: le « gran braccia » della bontà infinita in cui subito Manfredi fu messo al riparo e la « caccia » impotente a strapparlo dalle mani di Dio; e una grottesca degradazione nel moto dei persecutori che quanto più s'avvicina al suo scopo tanto più diverge e s'allontana da Dio. L'immagine, poi, del pastore di Cosenza, inscindibilmente associata al nome di papa Clemente quasi in un rapporto di sicario-mandante, richiama per contrasto da un lato quella della « mandra fortunata » senza guida e tranquilla e sicura; dall'altro, quella evangelica del buon pastore che lascia il gregge per andare alla cerca dell'unica smarrita e salvarla, mentre questo va alla caccia di lei per trafugarla e disperderla fin negli ultimi resti. La terzina, infine, delle ossa insepolte

> Or le bagna la pioggia e move il vento
> di ffuor dal regno, quasi lungo 'l Verde
> dov' e' le trasmutò a lume spento

si colloca tra l'immagine serenamente elegiaca del corpo di Virgilio (anch'esso trasmutato – « da Brandizio è tolto » – ma per essere accolto nella pace della tomba di Napoli – « dov'è sepolto ») e la chiara reminiscenza di Palinuro che attende sepoltura; e proprio da questi riferimenti emerge la eccezionalità e l'oggettiva tragicità, occultata nelle pieghe del discorso, della vicenda di Manfredi: le spoglie di Virgilio si raccolgono in un'aura di composta *pietas* pagana e quelle di Palinuro, esposte ai flutti e ai venti, sono immuni dalla violenza del disseppellimento, mentre le ossa del principe svevo conoscono la doppia vicenda della sepoltura – « sotto la guardia della grave mora » – e della manomissione dissacrante. Tra la vicenda degli uni e dell'altro passa la novità dell'antropologia cristiana, la fede nella consistenza del corpo destinato alla resurrezione, che ne fa un oggetto personalizzato d'odio e d'amore, elemento essenziale e perfettivo del composto umano sì che ogni offesa ad esso arrecata è insieme offesa alla totalità dell'immagine umana. Anche il corpo separato, dunque, non solo involucro e segnacolo esteriore, può farsi così *dramatis persona* secondo forme e con una terribilità ignota al mondo classico, e può avere una storia, come sarà nel canto quinto per quello di Buonconte, com'è in questo racconto della macabra caccia, tutto circostanziato, come un'antica cronaca, di precise notizie di luoghi e persone.

Alla narrazione segue una terzina

> Per lor maledizion sì non si perde
> che non possa tornar l'etterno amore,
> mentre che la speranza ha fior del verde

che determina la transizione tra il momento della massima tensione e quello dell'attenuazione massima tra la bontà di Dio e la prassi della gerarchia ecclesiastica. L'« etterno amore » è ancora contrapposto alla « maladizion », ma a questa si riconosce un'efficacia e una, almeno relativa, giustificazione.

Nelle due terzine successive

> Vero è che quale in contumacia more
> di Santa Chiesa, ancor ch'al fin si penta,
> star li conven da questa ripa in fore,
>
> per ognun tempo ch'elli è stato, trenta,
> in sua presunzion, se tal decreto
> più corto per buon prieghi non diventa

il riconoscimento del fondamento sacrale della struttura e degli interventi canonici è esplicito, affiora e sembra cancellare la turpe memoria della spietata deduzione persecutoria che i pastori avevano tratto dalla scomunica, qui nobilitata come decisione della Chiesa chiamata « santa »: un aggettivo che la illumina, così come il « lor » della maledizione lascia in ombra i suoi pastori (« ma così in ombra – scriveva Tommaseo – più li risparmia e più li condanna »). In questa distinzione tra legittimità e validità oggettiva della censura ecclesiastica e descrizione degradante dell'azione del « pastor di Cosenza » si può anche ravvisare, com'è stato osservato, una precisa presa di posizione « di fronte a certe prescritte conseguenze della scomunica »,[14] tra le quali l'esclusione della sepoltura ecclesiastica, allora non sempre pacificamente accolte e attuate. Ma il senso e i significati di fondo di tutto il discorso di Manfredi non s'appuntano sull'esaltazione della misericordia divina contrapposta all'azione persecutoria del pastor di Cosenza, né sull'attenuazione di questo contrasto introdotta da quella concessiva « Vero è che quale . . . », che sono come le frange estreme ed opposte del discorso stesso; neppure nell'intervento solo velatamente polemico sui contenuti delle censure canoniche e soprattutto sulle conseguenze che nella prassi ne venivano tratte, che è un elemento tra i molti che conferisce concretezza e consistenza storico-ideologica a tutto il passo. Il fondamento di tutto il discorso è nel contemporaneo e convinto riconoscimento della infinita bontà di Dio e della sostanziale legittimità e convenienza della struttura giuridica, con tutte le sue implicazioni, della Chiesa; nel confronto critico tra i due termini che tale riconoscimento consente, nella consapevolezza tragicamente estrema, nella forma purgatoriale della comprensione, dello scarto ineli-

---

14 Sull'argomento si possono leggere le importanti e riccamente documentate pagine di M. AURIGEMMA, *Manfredi e il problema delle indulgenze*, in « Cultura e scuola », IV (1965), 13-14, pp. 540-550.

minabile, della immedicabile differenza che corre tra un piano e l'altro di queste due realtà. Il corpo insepolto di Manfredi è l'effetto e il simbolo della sistematica non coincidenza tra questi due piani, ben più tragicamente che la semplice conseguenza di un cattivo uso del potere ecclesiastico.

Al centro del discorso di Manfredi e precisamente al v. 126

avesse in Dio ben letta questa faccia

sta un avverbio – *ben* – che è di decisiva importanza per la corretta decifrazione del senso complessivo dell'episodio e che l'esegesi ha troppo sbrigativamente trascurato, ignorandolo e compiacendosi nella facile e retorica contrapposizione tra bontà divina e odio temporalistico degli uomini di Chiesa, o leggendolo in chiave semplicisticamente psicologica e moralistica; in ogni caso dando scarso o nessun rilievo al fatto che esso implica almeno una certezza minima: che il « pastor di Cosenza » *ha letto* in Dio la faccia della misericordia, e che qui si tratta non semplicisticamente di una negazione, ma se mai di un fraintendimento.

È chiaro che una comprensione totale ed esplicita della posizione esemplata in Manfredi richiederebbe di collocarla all'interno del più ampio quadro dell'ideologia e delle dottrine dantesche intorno alla Chiesa come istituzione storica, intorno alla sua origine, limiti e funzioni. Ma qualche testo almeno s'offre più puntualmente a suggerire una lettura meno immediata e a evitare equivoci e a precisarne i significati. Uno è in *Monarchia* (III, 2), ed è il passo nel quale Dante, polemizzando con i decretalisti che fondandosi appunto sulle decretali – *suis decretalibus* – sostengono « procaciter » che le tradizioni della Chiesa sono il fondamento della fede, espone la dottrina delle « tre scritture »:

advertendum quod quedam scriptura est ante ecclesiam, quedam cum ecclesia, quedam post ecclesiam.

Prima della Chiesa è la scrittura del « Vetus et Novum Testamentum »; *con* la Chiesa « veneranda illa concilia principalia » e le « scripture » dei padri e dottori, « Augustini et aliorum »; *dopo* la Chiesa, le tradizioni « quas Decretales dicunt ». Verso queste ultime Dante professa per due volte il suo ossequio – « quas profecto venerandas existimo . . . auctoritate apostolica sunt venerande » – ma l'accento batte esclusivamente sulla necessità di rispettare la priorità delle altre due scritture, della Bibbia e dei Padri, alle quali le Decretali devono assolutamente essere posposte: « postponendas esse dubitandum non est », Matheo testante e le parole stesse di Cristo ai dottori della legge « Quare et vos transgredimini mandatum Dei propter traditionem vestram? ». Non contro le decretali, la struttura e le funzioni giuridiche della Chiesa si muove dunque la polemica di Dante; ma contro i decretalisti, contro coloro che sovvertono l'ordine sacro Vangelo-Padri-Decretali per l'altro Decretali-Padri-Vangelo, come si legge al IX del *Paradiso*:

Per questo l'Evangelio e i Dottor magni
son derelitti e solo ai Decretali
si studia, sì che pare ai lor vivagni

o, nell'invettiva più circostanziata della *Epistola* ai Cardinali italiani, per l'altro: Decretali-Padri:

> Iacet Gregorius tuus in telis arenearum; iacet Ambrosius in neglectis clericum latibulis; iacet Augustinus; abiectus Dionysius, Damascenus et Beda; et nescio quod Speculum, Innocentium et Ostiensem declamant.

Questo sovvertimento è la causa dell'assenza di veri pastori nella Chiesa di Dio, come è l'esatta motivazione del comportamento del pastor di Cosenza. Si comprende così nel suo preciso valore la concessiva con la quale Manfredi riconosce la legittimità della scomunica ed anche le conseguenze oltremondane della ribellione e resistenza ad essa, della « presunzion »; e insieme l'assoluta priorità che nello sviluppo del discorso è riservata alla bontà di Dio e alla imprevedibilità radicale dei destini umani che confidano nell'« etterno amore ». E si comprende anche il « corregger che argomenta » quel verso – « avesse in Dio ben letta questa faccia » –: l'errore di lettura del pastore è nell'aver sovrapposto alle parole della Scrittura lo schermo delle prescrizioni canoniche, è nell'aver trascritto e ridotto il messaggio di Dio nel codice d'un diritto necessariamente imperfetto e inadeguato invece di decifrare questo alla luce del codice eterno. Per « faccia » di Dio bisognerà allora intendere le carte della Scrittura sacra, che i versi danteschi per altro invincibilmente richiamano (le stesse che hanno i « vivagni » in perfette condizioni e senza chiose), conservando così alla metafora del leggere la sua coerenza e la sua pregnanza polemica e ideologica.

Ma quel che nell'*Epistola*, nel *Monarchia* e nel canto del *Paradiso* è polemica violenta, implacabile rigore dottrinale e condanna, nel canto purgatoriale è comprensione critica dell'inadeguatezza, dell'inevitabile scarto tra le istituzioni e la prassi degli uomini di Chiesa e la bontà infinita di Dio. La misura di questo scarto è una misura della storia, un aspetto della conoscenza tragica della sua insufficienza che lungo tutto il *Purgatorio* si persegue, per un'estensione che va dalle massime istituzioni, la Chiesa e l'Impero, alla sfera dei moti e delle passioni più individuali e segrete. Il pastor di Cosenza, e per esso ogni pastore, avrebbe certamente potuto, in linea di diritto, pervenire a una corretta lettura della misericordia divina; ma il calcolato equilibrio ideologico e la calma desolazione delle parole di Manfredi stanno a significare come di fatto questo avvenga solo per eccezione e, comunque, sempre al livello dell'inadeguatezza e della degradazione. Elegia, atteggiamento distaccato, mestizia serena e tutte le altre connotazioni che la lettura critica ha proposto per il discorso di Manfredi non sono che il prolungamento psicologico di questa disposizione ideologica di fondo, e solo in rapporto a questa riacquistano il loro significato e la loro dimensione tragica. È il sorriso del *Purgatorio*, e anche l'enigmatico sorriso di Manfredi subito dopo la manifestazione delle sue ferite: di chi ha attraversato l'orrore, ne ha acquisito una conoscenza escatologica e sa che appartiene anch'esso alle cose che devono essere distrutte.

Si ripropone qui una situazione analoga a quella della prima parte del canto: là Platone, Aristotile,

Virgilio, « nostra ragione » insomma, soffrono l'incapacità di attingere le verità ultime della rivelazione; qui la Chiesa registra l'incapacità di raggiungere la misura delle « gran braccia » della bontà divina.

Nel rapporto critico tra questi due termini la vicenda del canto si conclude con perfetta simmetria e si compie l'arco di una meditazione amplissima che ha chiamato in causa i dati fondamentali della storia sacra e profana.

Gli ultimi versi ribadiscono invece la simmetria interna al discorso di Manfredi, la sua *dispositio* armonica, riprendendo in epilogo il tema dei rapporti e degli affetti familiari che ne aveva segnato l'esordio.

> Vedi oggimai se tu mi puoi far lieto
> revelando a la mia buona Costanza
> come m'hai visto, e anco esto divieto;

La « bella figlia » diviene qui la « mia buona Costanza »: l'attributo, secondo un procedimento di frequenza altissima e qualificante nella lingua della *Commedia*, perde subito il carattere retorico-connotativo della ridondanza, lo riassorbe e potenzia semanticamente in una precisa funzione definitoria: come la *gran* Costanza del terzo canto del *Paradiso* starà a designare questa in rapporto alla minore, la figlia di Manfredi, la *buona* Costanza sta in questo luogo a definire lo stato di grazia in cui essa si trova e l'efficacia quindi del suo suffragio; si ricollega ai « buon prïeghi » della terzina precedente e all'esplicazione diffusa circa le condizioni del suffragio che si leggerà nel canto sesto. Affiora infatti, in questo punto, per la prima volta nel *Purgatorio*, il tema delle indulgenze e dei suffragi che nei tre canti immediatamente seguenti sarà ripreso e sviluppato in tutti i suoi aspetti mistici e dottrinali.

Ma in questi versi conclusivi, in una sfera privatissima e chiusa di famiglia, esso si risolve in una dichiarazione di certezza nella validità delle indulgenze stesse e, in ultima analisi, in una professione di fede nel dogma della comunione dei santi:

> ché qui per quei di là molto s'avanza

quasi una palinodia che la Chiesa spirituale, per bocca di Manfredi, fa della Chiesa delle decretali, sigillando l'incontro con gli scomunicati.

LA « DIVINA COMMEDIA »: FIGURA, ALLEGORIA, VISIONE

Tra le proposte d'interpretazione e di lettura della *Commedia* avanzate nel corso del Novecento nessuna ha prodotto un rinnovamento di prospettiva e una ricchezza di verifiche testuali tanto vaste e profonde quanto quella che si lega al nome di Erich Auerbach e in particolare al concetto di « figura » da lui illustrato e adoperato come generale e organico criterio ermeneutico sul *corpus* della poesia dantesca.

È noto come lo spunto dichiarato dell'impostazione degli studi dell'Auerbach sulla *Commedia* si trovi nel celebre passo dell'*Estetica* hegeliana (nelle pagine della III Parte, dedicate alla poesia epica) dove è descritto l'epos del poema come sintesi dell'umano con l'eterno, della particolarità storica con il giudizio e la sussistenza definitiva e immutabile; ma è solo col ricorso al criterio della figuralità che il filologo tedesco ha potuto trovare, ancora dichiaratamente, un fondamento teorico all'intuizione hegeliana omogeneo all'oggetto e foggiarsi uno strumento esegetico capace di conferire a quell'intuizione una specificità storica e di mediarla sul terreno concreto delle forme di comunicazione, dell'ideologia, della cultura e, insomma, della Weltanschaung medievale in cui la grande invenzione dantesca s'inscrive.

Quanto di valido e di fecondo è nelle proposte e nel metodo dell'Auerbach è ormai patrimonio acquisito della critica dantesca; e non ci soffermeremo qui a trarne un bilancio anche sommario né a tracciare un panorama delle implicazioni e degli sviluppi che da quelle pagine, tanto singolarmente organiche nei criteri ispiratori quanto fitte di digressioni e affidate intenzionalmente alla tecnica della ripetizione più che a una rigorosa e aprioristica coerenza dimostrativa, si muovono in direzioni molteplici che interessano tutti i livelli della compagine del poema, da quelli più strettamente dottrinali a quelli dell'ideologia letteraria, a quelli, infine, dello stile e della lingua. Può essere però di qualche utilità notare come nell'ambito della cultura italiana l'interesse che ha suscitato la lezione dell'Auerbach e l'influenza ch'essa ha esercitato siano altrettanto diffusi e profondi quanto notevolmente tardivi. I primi scritti danteschi del filologo tedesco che già contengono alcune coordinate fondamentali delle future ricerche (*Dante als Dichter der irdischen Welt*) risalgono infatti al 1929; ma è facile constatare che nel dibattito critico come nei repertori bibliografici e nei capitoli di storia della critica dantesca il nome dell'Auerbach è assente (ma non è mancata dalla vigile « Critica » crociana una tempestiva, per quanto limitativa, segnalazione) o si riduce a una semplice indicazione informativa senza rilievo, sino alla prima traduzione italiana del suo libro *Mimesis* (1956) che presentava il notevolissimo saggio su *Farinata e Cavalcanti*; da quell'anno la fortuna italiana dell'Auerbach andò progressivamente crescendo. Questa immissione tardiva della metodologia e dell'esegesi auerbachiana nel circolo della critica dantesca del nostro paese ha una ragione di fondo nella resistenza di principio e d'interessi che ad essa opponeva la fittissima trama del dibattito critico che pur nella varietà d'intenti, polemiche e revisioni restava sostanzialmente ancorato, nell'adesione come nel rifiuto, ai termini dell'impostazione teorica del Croce, così limpida e rigorosa nella formulazione teoretica quanto insoddisfacente alla prova del testo e della lettura, come non è difficile notare scorrendo le pagine della *Poesia di Dante* (uno dei libri crociani più infelici sul terreno concreto dell'interpretazione della poesia, del quale solo il ricorso costante, esplicito o implicito, all'impianto teorico, così persuasivamente semplificatorio e pacificamente risolutore dei massimi nodi di un dibattito secolare, poteva far passare sotto silenzio la genericità estrema e talora la compiaciuta banalità di non pochi passi impegnati nell'interpretazione e valutazione critica effettuali).

Proprio l'estraneità degli scritti dell'Auerbach al clima dominato dall'impostazione crociana doveva tenerli ai margini del dibattito teorico e degli interessi critici, così come fu la ragione della loro fortuna, quasi come d'una rivelazione liberatoria, quando apparve chiaro che l'*impasse* della critica dantesca italiana crociana e immediatamente postcrociana (solo un capitolo, ma il più perplesso per la resistenza strenua dell'oggetto, delle inquietudini e incertezze metodologiche della critica letteraria del tempo) non poteva essere risolto semplicisticamente con un sempre più generoso allargarsi dei recinti della « poesia » a scapito della « struttura », né con un affaccendarsi sempre più strenuo e quasi ossessivo intorno al problema dell'« unità » del poema, ma con un superamento in sede teoretica dei termini stessi di quella impostazione, o con un rifiuto almeno sperimentale e operativo che s'affidasse a diversi criteri ermeneutici e ad un'esplorazione del testo almeno preventivamente sgombra da ogni preoccupazione di giudizi di valore e di definizione categorica. Le pagine dantesche dell'Auerbach, e molte delle acquisizioni metodologiche ed esegetiche della sua stilistica storica, offrivano appunto una possibilità di ricerca e di verifica nella quale il dibattito teorico di stampo idealistico crociano e l'impostazione estetica del metodo venivano sommersi e cancellati da un intento ermeneutico volto a individuare le esatte coordinate ideologiche e letterarie per le quali fosse possibile ricuperare una lettura e interpretazione della *Commedia* congeniale non sul piano della partecipazione lirica o della fruizione estetica, ma su quello dell'aderenza storica e linguistica all'oggetto. La centralità della prospettiva figurale proposta dall'Auerbach veniva così a collocare il poema sull'asse della tradizione biblico-patristica e riportava all'attualità il problema di un'esatta definizione della sua struttura allegorica, già dibattuto dall'allegorismo del primo Novecento del Pascoli, del Valli, del Pietrobono, per fermarsi ai nomi più indicativi, proprio nel giro d'anni in cui le pagine dantesche di Eliot riproponevano una decisa rivalutazione del metodo allegorico dal punto di vista strettamente poetico, come un modo di rappresentazione proprio di un'età cui era familiare il clima delle visioni, e come costitutivo di una poesia alla quale esso conferiva evidenza d'immagini e ricchezza di significati. Il lavoro della critica dantesca era dunque ricondotto, con rinnovati intenti, su quel solco dell'allegorismo dal quale il libro del Croce l'aveva autoritariamente distolto in nome di un'esegesi che navigasse « in altre e più dolci acque »; [1] ma mentre l'allegorismo d'ispirazione pascoliana appariva caratterizzato prevalentemente da un gusto e un interesse ermetico-decadenti, la ricerca veniva ora stabilita sul solido terreno della visione biblico-cristiana della storia e delle forme di rappresentazione e trasmissione linguistica in cui quella visione si era tramandata dalla prima età patristica sino agli anni di Dante. La sostituzione del termine « figura » a quello di allegoria operata dall'Auerbach, al di là della sua legittimità terminologica di cui diremo più avanti, non comportava solo una serie di correzioni marginali e una maggiore precisione concettuale, ma significava un mutamento radicale di prospettiva, una nuova possibilità generale di lettura.

Un sguardo complessivo agli studi danteschi dell'ultimo ventennio ci conferma che proprio in questa prospettiva, nello sfruttamento di questa rinnovata possibilità di lettura che essa offriva, e comunque intorno alla tematica ad essa più strettamente connessa, si sono condotte le ricerche più frequenti e feconde, accanto alla mai interrotta e anzi splendidamente rinvigorita indagine testuale e stilistica. Uno sguardo ad alcuni fra i risultati generali più cospicui di queste ricerche si muove necessariamente su due

---

[1] Cfr. B. Croce, *La poesia di Dante*, Bari, 1952^7, p. 21.

fronti, quello specifico del testo dantesco e quello più ampio e generico della cultura e della spiritualità cristiana medievale che ne costituisce l'orizzonte comprensivo, con una netta prevalenza, anticipiamo subito, della definizione e dell'approfondimento di questo orizzonte sulle acquisizioni più propriamente letterarie; se ne ricava l'impressione dominante di un lavoro propedeutico, spesso anche quando esso s'applica alla illustrazione delle singole parti del poema, che stringe da tutti i lati l'edificio dantesco a determinare le coordinate entro le quali sia possibile un ulteriore, ma non arbitrario e dilettantesco, tentativo di definizione dell'operazione letteraria in cui consiste l'efficacia esemplare della *Commedia.*

Il primo nome che s'impone alla nostra rassegna è quello del maggior dantista americano d'oggi, Charles S. Singleton, la cui opera è da tempo entrata in diffusa circolazione nell'ambito della critica dantesca italiana, e ormai quasi tutta tradotta e a disposizione di un più largo pubblico di lettori: *Dante Studies I: Commedia, Elements of Structure*, Cambridge, Mass., Harvard University Press, 1957 (tr. it., *Studi su Dante I, Introduzione alla Divina Commedia*, Napoli, Scalabrini, 1961); *An Essay on the Vita Nuova*, Cambridge, Mass., Harvard University Press, 1949[1] (tr. it., *Saggio sulla Vita Nuova*, Bologna, Il Mulino, 1968); *Dante Studies II Journey to Beatrice*, Cambridge, Mass., Harvard University Press, 1958 (tr. it., *Viaggio a Beatrice*, Bologna, Il Mulino, 1968).[2]

[2] Tra gli studi del Singleton non divulgati in versione italiana, ricordiamo *The irreducible Dove*, in « Comparative

La posizione di rilievo del Singleton appare tanto più significativa in quanto emerge da una ricca e solida tradizione americana di studi storici e filologici di italianistica in genere e in particolare di critica dantesca, nell'ambito della quale essa si segnala anzitutto per una decisa accentuazione antipositivistica alla quale non è estranea l'influenza dello Spitzer a lui vicino particolarmente al tempo del suo primo insegnamento alla Johns Hopkins University (attualmente il Singleton è docente nella stessa Università di Humanistic Studies dopo aver tenuta dal 1948 al 1957 la cattedra di Letteratura italiana all'Università di Harvard) e per aver condotto innanzi con strenua puntigliosità e con criterio sistematico una linea di ricerca volta non tanto all'accertamento filologico o alla valutazione estetica del testo ma alla ricostruzione di una matrice di civiltà e di pensiero entro la quale si condizionano la struttura e il linguaggio del testo stesso.[3]

Tra i saggi danteschi del Singleton quello in cui i fondamenti sistematici appaiono con maggiore chiarezza è *Studi su Dante I Introduzione alla Divina Commedia*: in esso si indica nella categoria di ana-

Literature », IX (1957), 2, pp. 132-133, che è risposta a R. H. Green, *Dante's « Allegory of poets » and the Medieval Theory of Poetic fiction* (nella stessa rivista, pp. 118-128); e soprattutto *The Vistas in Retrospect*, in « Atti del Congresso internazionale di studi danteschi », vol. I, Firenze, Sansoni, 1965.

[3] Sul Singleton e sulla sua collocazione nell'ambito del « dantismo » americano, si può vedere la nota acuta e assai informata di Dante Della Terza, *Studi danteschi in America*, in « La Rassegna della letteratura italiana », maggio-agosto 1960, pp. 218-230.

logia il principio comprensivo per il quale il poema rivela la propria struttura e « mostra la propria veridicità »:

(. . .) l'allegoria e il simbolismo rientrano evidentemente nella categoria dell'analogia; dato che l'allegoria è costruita in modo da risultare ad immagine dell'allegoria di Dio, così come è nel Suo libro delle Scritture, dove si vede che gli avvenimenti additano al di là di se stessi, verso altri avvenimenti; ed il suo simbolismo è così inteso, da esser fatto ad immagine del mondo creato da Dio, dell'altro libro di Dio, in cui le cose sono anche dei segni. Poi, al suo centro, il poema rivela la propria analogia con la struttura della storia; e la storia, anch'essa, è opera di Dio. Così, in un generale principio di analogia, il poema è in stretto rapporto con un'esistenza che non potrebbe essere più fondamentalmente cristiana (. . .) (p. 105-106).

La struttura della *Commedia* si sviluppa, dunque, secondo il Singleton, nelle tre dimensioni del *simbolo*, o analogia col libro della natura, dell'*allegoria* o analogia col libro della Scrittura, e dell'*analogia con la storia* che ha la sua manifestazione culminante e la cifra rivelativa in quello che egli definisce « lo schema al centro » e che coincide con la processione mistico-allegorica degli ultimi canti del *Purgatorio*. In essa l'apparizione di Beatrice sul carro della Chiesa è vista come figura del Cristo e della sua Rivelazione al centro del tempo e della storia. La storia, appunto, nella sua dimensione di successione cronologica il Singleton vede espressa dal poeta nella rappresentazione che egli fa della processione come un lento e progressivo emergere che simboleggia nella « sacra longitudo » della allegorica teoria dei libri sacri, dal *Genesi* all'*Apocalisse*, la descrizione biblica « tam temporum quam aetatum, a principio silicet mundi usque ad diem iudicii » secondo la formula che viene desunta dal *Breviloquium* di s. Bonaventura. Già il Contini [4] ebbe a osservare come la distinzione tra simbolismo (o mimesi della natura, del duplice libro in cui gli oggetti si sdoppiano in loro stessi e nel loro significato simbolico) e allegorismo (o mimesi della Scrittura, del duplice libro in cui gli avvenimenti non subiscono questo sdoppiamento, ma annunziano insieme se stessi e altro, la propria realtà storica e un'altra realtà alla quale sono ordinati), se può apparire acuta nell'ordine teoretico, non arreca per altro un sussidio apprezzabile all'esegesi, non autorizzando « l'abito così rapinosamente interpretativo » dell'uomo del medio evo una distinzione, soprattutto al livello dei testi letterari (sia pure di estrema sapienza e consapevolezza come nel caso della *Commedia*), tra ermeneutica simbolica ed ermeneutica allegorica, che non sia, al più, quella tra sovrasenso statico e sovrasenso dinamico. Si potrebbe ancora aggiungere che l'interpretazione allegorico-figurale che con tanta entusiastica proliferazione di schemi e significati l'età medievale ha applicato ai libri divini implica un'adesione a una generale strutturazione simbolica del reale che sta a quella scritturale come il generico e il derivato sta allo specifico e divinamente autorizzato, e che un libro come il dantesco « poema

---

[4] Cfr. G. CONTINI, rec. a *Dante Studies I*, in « Romance Philology », vol. V, n. 4, 1957, e *Dante come personaggio-poeta della « Commedia »*, cit.

sacro » si colloca appunto nell'ambiguità tra i due piani, deducendo dalla certezza del modello scritturale le forme della propria ricostruzione allegorica della natura e della storia; [5] sì che il sovrasenso statico del simbolismo naturale appare sempre teso e disponibile ad essere assunto nella prospettiva figurale dinamica. Il discorso si riconduce dunque sempre a una retta definizione e a un approfondimento del significato del valore e dell'uso dell'allegoria nell'ambito della *Commedia*, e alla decisione preliminare se essa sia da assimilare all'« allegoria dei teologi » o all'« allegoria dei poeti », secondo la distinzione che Dante stesso fa nel secondo trattato del *Convivio*.[6] Su questo punto il Singleton, sempre nel primo degli *Studi su Dante*, prende posizione con estrema chiarezza, lungo tutto l'arco del libro e particolar-

[5] J. A. Mazzeo in *Structure and Thought in the Paradiso* (Cornell University, 1958), al cap. « *Dante's conception of poetic espression* », acutamente osserva come Dante, nell'*Epistola a Cangrande*, confonda l'allegoria dei teologi come principio d'interpretazione, che ne è il solo uso consentito al punto di vista umano, con la stessa come principio di costruzione che è carattere esclusivo dell'operare divino; ma non tanto di confusione quanto di consapevole sovrapposizione si dovrebbe parlare, per ravvisare in essa, al di là delle motivazioni essenzialmente psicologiche e biografiche addotte dal neoteologo americano, il fondamento dell'ambiguità della *Commedia* e della sua possibilità di costituirsi come « poema sacro ».

[6] E bisognerà dire subito e una volta per tutte che non si tratta di una mera questione terminologica né di un'aprioristica intenzione di sottolineare o attenuare la rilevanza religiosa del poema dantesco, poiché l'allegoria si impone nella *Commedia* insieme, e non genericamente, come schema di conoscenza, modello operativo e tramite per il quale si chiarisce un'idea della funzione letteraria.

mente nel cap. I (« Allegoria ») e nell'Appendice (« Le due specie di allegoria »): l'allegoria della *Commedia* è quella biblica e dei teologi, per la quale un evento reale designato nel racconto (*in verbis*) riflette (*in facto*) un altro evento; non quella dei poeti, che stabilisce un rapporto convenzionale, senza il certo della mediazione storica, tra eventi fittizi e significazione allegorica. Si viene così ad affermare un'intima analogia fra il metodo d'interpretazione dei testi sacri e la ricostruzione degli avvenimenti qual è da Dante attuata nella *Commedia* e autorizzata nell'*Epistola a Cangrande*,[7] si impone una rivalutazione energica del senso letterale non più abbandonato a un'esegesi liricizzante ma colto nel valore istoriale e aperto come tale al significato ulteriore, come « umbra futurorum », e si entra anche nell'ambito metodologico e nella prospettiva ermeneutica dell'Auerbach.

Un confronto, su questo punto di decisiva importanza, tra la posizione del Singleton e quella dell'Auerbach può riuscire di qualche utilità, e non solo ai fini di una definizione della diversa fisionomia del metodo dei due studiosi. L'allegoria dei teologi di cui parla il Singleton è infatti un analogo del concetto auerbachiano di figura, ma la differenza di ter-

[7] Non è qui il luogo per toccare la questione dell'autenticità dell'*Epistola a Cangrande*; basta appena notare come essa appaia strettamente connessa con l'altra del tipo dell'allegoria del poema, che è appunto oggetto dell'*Epistola* e che l'*Epistola* descrive sul modello biblico-teologico, coinvolgendo, nell'atto stesso dell'accertamento filologico, una presa di posizione su tale problema e collocandosi così al centro del dibattito più attuale intorno alla struttura del poema.

minologia non si riduce naturalmente solo a un fatto di scelta e preferenza lessicale. L'Auerbach sostituisce sistematicamente il termine « figura », attenendosi alla terminologia « creata e preferita dai Padri della Chiesa », a quello di allegoria identificando senza residui quest'ultima con l'allegoria fittizia o pagana o letteraria:

> Gli studiosi moderni per i quali la concezione medievale della realtà è una cosa estranea, sono stati indotti a non tenere distinte la figurazione e l'allegoria e per lo più hanno capito soltanto la seconda (. . .). Per evitare equivoci ricorderò che Dante e i suoi contemporanei definivano allegoria il senso figurale, senso morale o tropologico quello che qui chiamiamo allegoria. Certamente il lettore capirà e consentirà che in questo studio storico noi restiamo alla terminologia creata e preferita dai Padri della Chiesa.[8]

Ma la correzione, prescindendo dai fini esplicativi e di aderenza storica generale a cui l'Auerbach fa riferimento, non appare veramente giustificata in quanto si riferisca alla terminologia dantesca, quando si pervenga a una netta differenziazione, nel genere e non solo nella specie, tra le due forme di allegoria, la letteraria e la biblico-cristiana, in armonia con tutta una ricchissima e mai interrotta tradizione di esegesi biblica di cui Dante rivela chiara consapevolezza sia nel passo del *Convivio* sia in quello dell'*Epistola a Cangrande* dedicati appunto a tale questione e precisazione terminologica e concettuale. Tale differenzia-

---

[8] Cfr. *Studi su Dante*, Milano, 1963, p. 225.

zione, che in effetti non appare nelle pagine dell'Auerbach, consente di ricuperare tutta la validità della proposta figurale senza dover pervenire a uno spostamento della classificazione dantesca dci sensi delle scritture e del suo poema, che viene condotta secondo la più rigorosa aderenza, nei termini e nella loro significazione, a un processo secolare di definizione colto al suo livello più alto e nel punto estremo di maturazione. In realtà non è possibile tenere distinte figurazione e allegoria nel significato che questa assume nell'indagine sui sensi della Scrittura, il secondo termine essendo costantemente inclusivo del primo. Questo intendono tutti gli esegeti medievali, questo vogliono dire, per valerci di qualche citazione esemplare, Cassiano, quando nell'esplicazione del significato dell'allegoria, così scrive: « ea quae in veritate gesta sunt, alterius sacramenti formam *prefigurasse dicuntur* », o Agostino quando riferendosi all'allegoria in s. Paolo scrive: « Ubi allegoriam nominavit, non in verbis eam reperit, sed in factis ». Dante è nella linea di questa tradizione quando chiama allegoria il senso figurale che per lui veniva immediatamente a mutare, riempire e trasferire in un contesto radicalmente diverso, stoirco-profetico, il termine ereditato dall'esegesi letteraria dell'antichità.[9] È vero che l'influsso del plato-

[9] Sull'argomento, in rapporto ai problemi specifici dell'esegesi dantesca, si deve registrare negli studi italiani novità d'interesse e di contributi, fra i quali vogliamo ricordare S. Battaglia, *Linguaggio reale e linguaggio figurato nella « Divina Commedia »*, in « Filologia e letteratura », viii (1962), ora in *Esemplarità e antagonismo nel pensiero di Dante*, Napoli, Liguori, 1966; A. Pagliaro, *Simbolo e allegoria nella*

nismo e la scolastica minacciavano ormai sensibilmente, nel tempo di Dante, il significato figurale, messo in ombra da un'interpretazione intellettualistica dell'allegoria. La scelta e l'accentuazione del termine « figura » operata dall'Auerbach hanno quindi l'efficacia di ricuperare il senso autentico che l'allegoria cristiana assume nella mente di Dante, ma autorizzando una intima assimilazione dei due termini piuttosto che una loro dissociazione. Bisognerà quindi dire che gli « studiosi moderni » proprio perché non hanno capito l'allegoria biblico-medievale non hanno potuto capire il

« *Divina Commedia* », in « L'Alighieri », a. IV (1963), n. 2, ora in *Ulisse, Ricerche semantiche sulla « Divina Commedia »*, Messina-Firenze, D'Anna, 1966; A. VALLONE, *Studi su Dante medievale*, Firenze, Olschki (si veda soprattutto il cap. « La personificazione, il simbolo e l'allegoria », pp. 23-63); P. GIANNANTONIO, *Dante e l'allegorismo*, Firenze, Olschki, 1969. Negli studi del Pagliaro e del Giannantonio è manifesta la tendenza a ridurre l'importanza del problema delle « due allegorie », per la convinzione che l'allegorismo in genere è aspetto secondario e marginale del poema dantesco, essenzialmente fondato sui procedimenti fantastico-simbolici propri del linguaggio poetico (Pagliaro), o per un atteggiamento concordistico teso a cogliere piuttosto le convergenze dell'allegoria classica pagana con quella biblico cristiana (Giannantonio) che non l'originalità e irriducibilità della seconda. Tali originalità e irreducibilità costituiscono, come ben sanno gli studiosi dell'esegesi biblica medievale, la tesi di fondo dell'*Exégèse médievale; Les quatres sens de l'Ecriture* (Parigi, Aubier, 1959) di H. DE LUBAC, un libro che rimane fondamentale, a nostro avviso, anche per l'esegesi dantesca, più di molti contributi specialistici; fra gli altri studi stranieri che solo marginalmente toccano di Dante, ma che incidono efficacemente su una tematica fuori della quale l'allegorismo dantesco non può adeguatamente essere compreso, C. S. LEWIS, *The Allegory of Love*, Oxford, Clarendon Press, 1936; 2ª ed. New York, Oxford Univ. Pr., 1958 (tr. it., *L'Allegoria d'amore*, Torino 1969); e J. PÈPIN, *Mythe et Allégorie*, Parigi, Aubier, 1958.

senso della figura che a quello è inscindibilmente connesso. La terminologia adottata dal Singleton, fondata su un'esplicita distinzione fra « due specie di allegoria », appare quindi non solo materialmente più aderente alla lettera dantesca, ma storicamente più propria e motivata anche se bisogna subito aggiungere che essa viene adoperata nelle sue pagine con un tecnicismo e un gusto della accumulazione delle citazioni di assai meno ampio respiro e in una prospettiva meno ricca e organica che non avvenga nelle pagine mirabili dell'Auerbach alle quali si ritorna sempre con frutto per la capacità che esse possiedono di collocare il testo dantesco nel cuore stesso della visione cristiana della storia e nelle forme della sua trasmissione, senza compiacimenti estetizzanti e col soccorso continuo della citazione appropriata e calzante, pervenendo a risultati di effettiva illuminazione e penetrazione storica e non solo, come talora avviene nello studio del Singleton, di testimonianza estrinsecamente solidale. Malgrado infatti il sontuoso apparato delle fonti dirette e indirette esplorato soprattutto nelle regioni della mistica bernardina e bonaventuriana e della filosofia tomistica, l'ingegno critico del Singleton fa le sue prove più acute e persuasive non tanto nella ricostruzione organica delle fonti e delle prospettive storiche definite quanto nello sfruttamento puntuale delle notizie desunte da un comune *pattern of thought* medievale ai fini di una interpretazione globale della struttura del poema dantesco. La corretta definizione dell'allegoria dei teologi gli consente così di descrivere l'allegoria fondamentale della *Commedia* come un viaggio reale compiuto dal pellegrino Dante nella sua irrepetibile singolarità e insieme come lo schema sempre ripetibile di un *itinerarium ad Deum* di ogni anima cristiana, *hic et nunc*, nello stato presente di creatura in cammino verso la perfezione; in una forma che esclude ogni estrinseca sovrapposizione fra i due piani del significato ed ogni attenuazione della consistenza reale dell'evento designato dalla lettera, che, sul modello dell'*Esodo* biblico, viene presentato come avvenimento assolutamente storico portatore in se stesso di un significato universale di conversione e liberazione morale. Questa è, secondo il Singleton, l'allegoria generale del poema che, in armonia ancora con la posizione dell'*Epistola a Cangrande*, viene presentata come allegoria essenzialmente morale, con una decisa accentuazione del senso tropologico (*quid agas*) su quello allegorico in senso stretto (*quid credas*) e analogico (*quo tendas*). A meglio determinare la concretezza figuralmente aperta del viaggio dantesco, lo studioso americano confronta il poema da un lato con le formulazioni centrali della fede cristiana, dall'altro con la dottrina platonica del mito. Il « realismo » della *Commedia*, sia nel senso dell'evidenza persuasiva della visione sia in quello della fisica consistenza dei suoi oggetti, si può solo motivare, secondo il Singleton, col ricorso al dogma dell'Incarnazione (e ritorna qui un motivo principe degli studi dell'Auerbach) e a quello della resurrezione di Cristo e, per essa, della carne di ogni uomo: « *Verbum caro factum est* può sorreggere molto. Un giorno secondo la fede tutto l'uomo, corpo e anima, parteciperà alla beatitudine e alla dannazione. E qui allora abbiamo una misura del limite che è tra la fede e il mito. Il mito dice soltanto: se avverrà un giorno, perché non ora? » (p. 126): l'invenzione mitopoietica della *Commedia* è dunque una forma autorizzata e sorretta dalla certezza realissima della verità della fede. A questo punto cade il confronto col mito platonico che lo studioso traccia con ampiezza dalla *Vita nuova* al poema con l'intento di mostrare come l'invenzione mitica di Dante che traduce le realtà della fede nulla ha in comune con la mitologia classica, con il pur ammiratissimo modello ovidiano, ma, tutta modellata sull'esempio biblico, realizza pienamente, potenziandoli, i caratteri platonici del mito come « menzogna verace », come forma di comunicazione metaforica da parte di un poeta che *sa* la verità; ma tale realizzazione registra anche un salto qualitativo in cui consiste la sua novità cristiana e in cui si ravvisa il fondamento della veridicità sostanziale dell'invenzione dantesca: mentre il mito platonico si presenta come un complemento al livello inferiore del superiore discorso razionale, « necessario solo perché c'era una parte dell'uomo che lo richiedeva » (p. 113), la visione dantesca si colloca al di sopra del discorso razionale, come proiezione metaforica fondata sulla Rivelazione, da essa autorizzata e continuamente reintegrata, mediante il rinvio allegorico, nella sua significazione autentica. È essenziale alla strutturazione del poema e alla sua lettura « la ferma convinzione che in qualche modo al di là delle sue parole esiste una realtà che rimarrebbe anche se le sue parole venissero tolte » (p. 135); si tratta in ultima analisi di un analogo sul piano della visione poetica della formulazione scolastica *fides quaerens intellectum; praecedit fides, sequitur intellectus* che il Singleton ripropone in una variante, *fides quaerens visionem; praecedit fides, sequitur visio*, che vuol essere in qualche modo la definizione della qualità ultima del mondo poetico dantesco, la qualità di una narrazione di eventi che si svolge in uno spazio dove non c'è posto per la finzione illusoria e di fronte alla quale ogni estetica come scienza del bello trova « suo cammin riciso », una qualità propria del *Genesi* e del mito di Platone. Questa visione di un ordine obiettivo di cose secondo la sua bontà e la sua giustizia viene giudicata dal Singleton come un evento eccezionale, e comunque unico nella letteratura italiana, come un termine di paragone costante al di qua di una svolta dopo la quale nulla di simile avverrà più nel corso della storia poetica italiana: « Lo spazio della fantasia del Petrarca è già uno spazio d'illusione » (p. 136).

Ci siamo diffusi sulla concezione dell'allegoria dantesca quale emerge dalle pagine del Singleton e sulle conseguenze che ne derivano nella valutazione complessiva della struttura della *Commedia* e nei modi della sua visione, perché essa costituisce il principio animatore e il quadro fuori dei quali non è possibile valutare il senso e il rilievo dell'esegesi particolare che lo studioso esercita sulle singole parti del poema, con una minuzia d'argomentazione e insieme con una sorta di teleologismo critico che in quel quadro e secondo quel principio s'illumina nelle linee fondamentali, mentre lascia talora perplessi sul valore probante delle prove locali e sul grado di specificità con cui è adoperato a sciogliere i nodi più ardui del poema.

Il libro in cui meglio si manifestano le due componenti fondamentali della critica del Singleton, l'indagine estremamente acuta e minuziosa e la subordinazione dei risultati particolari ad alcuni principî generali ai quali si ordinano in un organismo di estrema consapevolezza e perfezione strutturale, è quello dedicato agli ultimi canti del *Purgatorio*, il *Viaggio a Beatrice*, che costituisce il secondo volume degli *Studi su Dante* e nel quale trovano più ampio sviluppo gli spunti già accennati nel cap. « Lo schema al centro » del primo volume. L'opera si presenta divisa in due parti: la prima, che dà titolo al volume, « Viaggio a Beatrice », imposta nuovamente il discorso generale intorno all'allegoria fondamentale che sta alla base della *Commedia* e si sofferma quindi diffusamente sul significato dell'apparizione, « avvento », di Beatrice sulla vetta del Purgatorio; la seconda, « Il ritorno all'Eden », è un tentativo d'interpretazione organica del significato teologico-morale che assumono in Dante il concetto di giustizia originale e la sua proiezione figurativa nell'ambito del Paradiso terrestre e nella figura centrale ed enigmatica di Matelda.

L'allegoria fondamentale del poema è confermata come rispecchiamento figurale dell'*itinerarium mentis in Deum* di ogni cristiano nella cui coscienza ed esperienza di pellegrino il viaggio di Dante si ripete e sviluppa tutte le sue implicite significazioni. Nei confronti del libro precedente tale *itinerarium* viene però qui ulteriormente precisato come momento della *mente* e del *cuore*, con un diffuso richiamo alla dottrina tomistica dell'intelletto e della volontà e dei loro rapporti. Due schemi o paradigmi fondamentali presiedono dunque alla strutturazione dell'allegorico viaggio, quello della volontà e quello dell'intelletto, che s'intrecciano costantemente e si dispongono secondo la linea ascendentale delle tre guide: Virgilio, Beatrice e san Bernardo. Tutta la *Commedia* è vista dal Singleton dispiegarsi, quanto alla concezione di fondo, dallo schema binario dell'intelletto e dell'agostiniano « cuore inquieto », e quanto alla realizzazione figurale nell'essenziale schema ternario delle guide che a sua volta si definisce in rapporto all'intelletto secondo la triplice classificazione delle tre « luci », e in rapporto alla volontà secondo l'altra classificazione delle tre « conversioni » che lo studioso desume esplicitamente dai testi dell'Aquinate: Virgilio o il « lumen naturale » e la « conversio . . . per quam aliquis praeparat se ad gratiam habendam », Beatrice o il « lumen gratiae » e la « conversio . . . quae est meritum beatitudinis » e per la quale « requiritur habitualis gratia, quae est merendi principium », Bernardo o il « lumen gloriae » e la conversione suprema in Dio che si realizza per « dilectionem perfectam ». In questa proposta generale di organici schemi ordinatori e insieme esplicativi, sontuosamente arricchiti col ricorso frequente alle citazioni e alle fonti dottrinali, e nei modi della loro concreta applicazione ai testi, è già possibile cogliere il rilievo e l'utilità fondamentale delle ricerche del Singleton e anche i limiti che vi sono connessi, le integrazioni o gli spostamenti di prospettiva che richiedono per essere utilizzate ai fini di una esegesi volta direttamente a esplorare il poema nella sua specificità di rappresentazione simbolica e realizzazione linguistica di un mondo e di una cultura. Una serie imponente di *auctoritates* è infatti raccolta dallo studioso a testimoniare i dati fondamentali della teologia e dell'ascetica medievali che non potevano non essere lo sfondo di fede e di pensiero operante nell'organizzazione del mondo dantesco, secondo un progetto d'indagine volto a riaccostare il lettore, pur nella lucida consapevolezza d'una distanza e d'uno iato insormontabile (che per il Singleton è essenzialmente determinato dall'intervento della cultura rinascimentale), al *milieu* in cui s'è prodotto l'evento della *Commedia*, volto a sanare quella che al critico sembra la lacuna più vistosa della moderna lettura del poema sacro: « la conoscenza che ci fa difetto non è erudizione ma consapevolezza; non di fatti sparsi, ma di schemi concettuali » (p. 86). In questa ricostruzione delle coordinate mistiche, ascetiche e concettuali gli studiosi di Dante possono trovare nelle pagine del Singleton non solo alcune acquisizioni utili e talora necessitanti, ma anche la possibilità di intrattenersi, per quelle pagine, in un clima ideologico congeniale alla mente del poeta, fecondo di eventuali spunti e proposte e animato da un fervore mantenuto sempre desto dalla tecnica peculiare allo scrittore che procede non tanto per approfondimenti storici e ideologici quanto per ripetizione e accumulazione didascalicamente efficaci. Dove il limite si fa sensibile e si fanno necessarie le integrazioni e le verifiche supplementari è nel passaggio da questo clima ideologico alla concretezza e individualità del testo, dal generico allo specifico, dagli ineliminabili e illuminanti condizionamenti culturali dell'esegesi all'esegesi in atto. Qui si ha talora l'impressione che le strutture dell'invenzione e i luoghi particolari siano troppo immediatamente subordinati agli schemi generali, per una sorta d'immanente e rigida teleologia, quasi che l'interpretazione sia deducibile da quegli schemi per un privilegio e una prevaricazione della storia delle idee sul certo della filologia. Queste costatazioni e queste riserve ricevono anche conferma da un facile rilievo statistico delle citazioni, che sono tratte prevalentemente dalla letteratura scolastica, con una netta preminenza dei testi di s. Tommaso, poi dalle opere di Agostino, dalla mistica vittorina e di s. Bernardo, per indicare gli elementi caratterizzanti, molto più saltuariamente e raramente da passi biblici, mentre appare assente ogni riferimento consistente alle retoriche e poetiche medievali e agli esemplari della tradizione romanza. I problemi posti dalla specificità letteraria del testo sono sostanzialmente ignorati dal Singleton: il che, se conferisce alla compattezza e al rigore della sua linea di ricerca, ne costituisce anche un limite intrinseco, poiché tale specificità, proprio perché non è vista dal Singleton appoggiarsi estrinsecamente, come la crociana « poesia », sulla « struttura » dottrinale, s'impone come il registro autentico sul quale ogni chiarificazione teologica può trovare la propria definizione utilizzabile e provare la propria efficacia normativa e orientativa dell'opera che si viene costruendo. Vogliamo dire, insomma, che la *Commedia* è sempre presente nelle pagine del Singleton come testo capitale della spiritualità e della cultura medievale, con ricchezza di approssimazioni e novità di accostamenti, ma solo per eccezione è presente come capitale ed esemplare esito letterario di quella spiritualità e di quella cultura e di una concezione della funzione poetica. La questione squisitamente letteraria affiora nel *Viaggio a Beatrice*, quando a proposito del passaggio da Virgilio a Beatrice, dal *lumen naturale* al *lumen gratiae* e alla Rivelazione si osserva felicemente come la formula tomistica relativa alla « divina veritas » la quale « per modum revelationis ad nos descendit » abbia la sua corrispondenza figurativa nel discendere delle anime dall'Empireo nei singoli cieli per rendersi a Dante distintamente visibili, secondo la nota motivazione che ha il suo fulcro nella terzina: « Così parlar conviensi al vostro ingegno / però che solo da sensato apprende / ciò che fa poi d'intelletto degno », e si aggiunge:

Tali versi ci inducono a riflettere su almeno una differenza notevole esistente a questo proposito tra l'opinione del poeta Dante e quella del teologo s. Tommaso. Abbiamo visto quest'ultimo osservare esplicitamente che la verità della rivelazione si manifesta all'uomo « non quasi demonstrata ad videndum, sed quasi sermone prolata ad credendum ». Nessun poeta potrebbe mai accettare una posizione del genere, ed è interessante notare quanto Dante afferma nei versi succitati. Il poeta deve *vedere* (perché a nostra volta anche noi possiamo vedere): deve quindi insistere che l'uomo apprende solo dalla esperienza sensoriale, anche a queste altezze trascendentali. Ecco allora che tutto il regno del Paradiso, attraverso cui guida Beatrice, deve discendere (condiscendere!) per parlare a lui (e a noi) *sensibilmente*. Tale è il « modus operandi » della poesia, ma s. Tommaso non lo teneva in gran pregio. Eppure, questa radicale differenza tra i due punti di vista, del poeta e del teologo, non può indurci a negare a Beatrice l'appellativo di « Rivelazione » quando ella guida per l'alto regno delle sfere celesti. Questo è il dominio della verità rivelata, e si comprende perché un poeta voglia lasciare senza risposta la domanda se egli sia stato lassù « sive in corpore . . . sive extra corpus »; infatti, quale che possa essere la risposta, Dante vuole contemplare questo regno da poeta, nel modo in cui nessun teologo tenterebbe mai di vederlo: cioè *sensibilmente* . . . Comunque, nonostante tutta la ricca esperienza « sensoriale » fatta in questa alta sfera in cui guida Beatrice, il poeta ha messo inequivocabilmente in chiaro che il viaggio con lei « oltrepassa l'umano intelletto » (p. 35).

È facile scorgere subito come la questione qui prospettata non tocchi solo qualche aspetto della *Commedia*, ma investa invece frontalmente il problema del poema costruito secondo allegoria e in linguaggio metaforico, come il Singleton bene avverte quando riconosce che qui è la « radicale differenza fra i due punti di vista, del poeta e del teologo » per poi ritornare immediatamente a ribadire la effettiva funzione rivelatrice della guida di Beatrice, « nonostante la ricca esperienza sensoriale ». Affrontare tale problema mi pare pregiudiziale per dare un senso preciso e una prospettiva aderente all'oggetto a ogni organica ricerca sia che questa si collochi sul versante degli elementi della lingua e dello stile che su quello dei dati ideologici e dottrinali. Né con questo ci si condiziona necessariamente a un'« autonomia » dell'estetico e a un rapporto di distinzione dialettica tra struttura e poesia, se quella « radicale differenza » del teologo e del poeta si trasformi da principio estrinseco di distinzione e di valutazione in consapevolezza e criterio operativi all'interno del poema, tali da condizionare e costituirne tutta la strutturazione. Il problema di fondo di ogni letteratura religiosa, quando il sostantivo sia preso in tutta la sua specificità, si ripropone, insomma, nell'unica forma che appare utile e appropriata, in maniera cogente per la *Commedia*, che offre a tale problema un testo di assoluta resistenza a ogni soluzione unilaterale e pacificatoria e un campo di sperimentazione incomparabilmente ricco.

Quanto s'è detto fin qui può forse giovare a definire sia pure sommariamente il punto di vista dominante dello studioso americano e anche a indicare la direzione nella quale le sue ricerche possono offrire i contributi più validi a chi voglia accostarsi alla lettura del poema con una informazione non inadeguata, almeno su quelle che sono le premesse fondamentali sulle quali l'invenzione dantesca ha operato e che il Singleton addita con felice insistenza e con l'accostamento delle voci e delle fonti più diverse chiamate a trasmettere al lettore un modo di vedere, di pensare e di comunicare la realtà nella luce della rivelazione, fuori del quale il mondo della *Commedia* resterebbe comunque impenetrabile; ed è forse un'utile premessa a valutare nel loro giusto rilievo le parti del volume nelle quali l'indagine si fa più fitta e più strettamente condizionata ai testi: il capitolo quinto dedicato all'avvento di Beatrice sulla vetta del Purgatorio nella prima parte, e tutta la seconda parte dedicata al « Ritorno all'Eden ». Non è qui possibile tentare anche solo un elenco di tutte le questioni che vengono trattate nella seconda parte; diremo soltanto che essa ha il suo centro d'interesse e i suoi punti di convergenza nel tema delle « quattro stelle / non viste mai fuor ch'alla prima gente » del primo canto del *Purgatorio*, riaccostato con sottili, elaborate ma suggestive ipotesi a quello dei fiumi paradisiaci, nel tema cioè della giustizia originale, sul quale lo studioso propone soluzioni nuove e convincenti, come la distinzione tra virtù cardinali infuse dei progenitori e acquisite dei giusti pagani, per risolvere alcune ardue questioni testuali, con una varietà di illustrazioni e di documentazioni che rende necessario il rinvio alla lettura diretta; e nel tema di Matelda, che è immagine, secondo il Singleton, della giustizia originale, a proposito del quale si avanza una precisa ipotesi di tecnica letteraria che fa eccezione nel tessuto teologico-dottrinale del libro: l'episodio della « bella donna » viene ricondotto non all'atmosfera tradizionale dello stilnovismo ma al genere romanzo della « pastorella ». La significazione allegorica di Matelda fa dell'incontro di Dante con lei una « pastorella » senza lieto fine: il poeta non perviene a possedere la donna, contrariamente alla situazione topica del genere, come il pellegrino (e con lui ogni uomo) non può attingere la giustizia infusa originaria che nel suo lieto splendore la « soletta » irradia e rappresenta. Ma i risultati più interessanti il Singleton raggiunge nel cap. V dedicato all'avvento di Beatrice che viene descritto sulla trama del *triplicem adventum Christi* esemplato soprattutto sulle pagine dei *Sermones de tempore* di s. Bernardo di Chiaravalle. Dei tre avventi di Cristo che la mistica bernardina addita al cristiano (*in carnem, in mentem, ad iudicium*), la Beatrice dantesca rappresenta l'analogo, quanto all'avvento *in carnem*, nella giovinezza del poeta e nella *Vita nuova*, sulla vetta del Purgatorio quanto al secondo e al terzo. Anche qui solo il ricorso diretto alle pagine può evitare il rischio di un arido schematismo riassuntivo, tanto ricca di digressioni, animata e fitta di notizie particolari è la strategia dimostrativa del Singleton. Basti qui sottolineare la tesi centrale del capitolo, il rapporto analogico Beatrice-Cristo, che tocca una questione fondamentale per l'esegesi della *Commedia* e di tutta la biografia poetica di Dante. A conforto di tale tesi il *Viaggio a Beatrice* richiama esplicitamente le analisi e le prove che già erano state oggetto di studio nel primo volume degli *Studi su Dante*, l'*Introduzione alla Divina Commedia*, e si avvale soprattutto della ricerca condotta nell'altro libro, il *Saggio sulla Vita nuova*, sviluppandone le implicite conseguenze e additandone la fecondità esegetica e la convenienza strutturale. Benché il *Saggio* rimanga rigorosamente entro i limiti del libello giovanile e non tocchi quindi direttamente l'oggetto di queste note, è necessario tuttavia rilevare alcuni fra i suoi risultati maggiori, soprattutto per quanto attiene all'interpretazione della figura di Beatrice, poiché tale questione appare centrale in tutto l'arco delle ricerche del Singleton e perché il « mito » dantesco di Beatrice richiama sempre in causa a tutti i livelli l'intero itinerario poetico di Dante, dalla *Vita nuova* alla *Commedia.* L'analisi della figura di Beatrice è compiuta dallo studioso americano nel *Saggio sulla Vita nuova* all'interno di una descrizione e ricostruzione critica della struttura del libello condotta con un'eleganza e una coerenza che ne fanno il più armonico e il più felice, a nostro avviso, dei suoi studi danteschi. La *Vita nuova* è vista essenzialmente e totalmente come una realizzazione esemplare della metafora del « libro della memoria » secondo l'*incipit* stesso del libello (« In quella parte del libro della mia memoria dinanzi a la quale poco si potrebbe leggere, si trova una rubrica la quale dice: *Incipit vita nova.* Sotto la quale rubrica io trovo scritte le parole le quali è mio intendimento d'assemplare in questo libello; e se non tutte, almeno la loro sentenzia ») nell'ambito di una simbologia tipica della letteratura medievale, già illustrata dal Curtius [10] e dal Singleton esplicata e ripercorsa attraverso alcune fra le sue manifestazioni più significative. A una prima osservazione tale « libro » presenta subito una caratteristica strutturale assai significativa: in esso Dante si sdoppia sistematicamente nel *protagonista* che attraversa la vicenda secondo l'ordine degli avvenimenti e nell'*autore* che è il lettore e il trascrittore delle parole scritte nel libro della Memoria (è la funzione fissata nelle immagini del testo originario come *essemplo* memoriale e dello scrivere come *assemplare*) e che come tale conosce già la fine, la metà e il principio di ciò che è accaduto. Secondo il primo piano il libro appare come biografia e si svolge nella dimensione della successione temporale, per accumulazione progressiva di avvenimenti; secondo l'altro piano la biografia viene ribaltata nella consapevolezza anticipata del significato spirituale degli avvenimenti, in una successione d'interpretazioni simboliche che Dante traccia dopo la morte di Beatrice e dall'alto della vicenda già compiuta, sì che una serie di episodi diventa un organismo di segni rivelativi. Spingendo lo sguardo alla *Commedia* si può già intravvedere in nuce in questo

---

[10] Cfr. E. R. CURTIUS, *Das Buch als Symbol in der Divina Commedia*, in *Festschrift Paul Clemen*, Bonn, 1926, pp. 44-54; e il cap. XVI in *Europäische Literatur und lateinisches Mittelalter*, Bern, 1948.

rilievo strutturale del Singleton la dialettica del personaggio e del poeta che è chiave indispensabile ed estremamente complessa per la lettura del poema, e che chiude tanto il poema stesso quanto la *Vita nuova* a ogni tentativo di decifrazione unilateralmente documentaria e biografica.

Guardando poi analiticamente al libro della *Vita nuova* nelle componenti della sua struttura, il Singleton lo vede definirsi per tutta la sua estensione secondo il modello del libro sacro, la Bibbia, come poteva apparire anche materialmente agli occhi d'un lettore del tempo di Dante. In esso vi è una parte, i testi poetici e le « ragioni » o chiose in prosa, che Dante si limita a trascrivere così come sono state scritte nel libro della Memoria, « e se non tutte, almeno la loro sentenzia », e una parte che è opera dello scrittore, le « divisioni » con le quali viene illustrata la partizione e condotta l'esegesi personale dei versi. La *Vita nuova* appare così nella ricostruzione del Singleton come un'invenzione letteraria che si presenta con i caratteri propri di un testo sacro corredato da una chiosa multipla, secondo una partizione ingegnosa che se può apparire artificiosa e complessa al lettore moderno doveva invece risultare familiare al lettore medievale. Non è qui il luogo di analizzare puntualmente i vari momenti di questa ricostruzione che lo studioso conduce con acutezza e con felici risultati esegetici; basti osservare come ancora in questo caso la *Vita nuova*, anche se non si accetti in tutto il suo rigore sistematico e nella estrema conseguenzialità lo schema proposto dal Singleton, adombri già un altro aspetto essenziale della scrittura della *Commedia*, il rapporto, cioè, che sottende la costruzione del poema, tra lo *scriba* che registra la visione ricevuta per divina autorizzazione e il *poeta* che limita e ribalta la sacralità della scrittura nella consapevolezza dichiarata della natura fittizia e metaforica del poema.[11]

In questo « libro della Memoria », ombra e analogia del libro delle scritture divine e portatore di simboli e misteri, l'elemento sacrale si appunta sulla tematica dell'Amore e sulla figura di Beatrice. Il Singleton descrive il delinearsi di Beatrice attraverso le pagine della *Vita nuova* come una sperimentazione progressiva e un superamento delle posizioni tradizionali della lirica d'amore cortese. Le rime del libello e le ragioni e divisioni che le accompagnano si possono infatti persuasivamente raggruppare secondo tre temi che corrispondono allo sviluppo cronologico degli avvenimenti: quelle che dicono gli effetti dell'amore e del « saluto » della donna e quelle in lode di madonna, che riflettono due situazioni tipiche della lirica trobadorica e soprattutto stilnovistica; quelle, infine, composte dopo la morte di Beatrice, nelle quali i due temi precedenti sono fusi e trascesi in un approdo mistico e sacrale dell'amore del poeta, al di là della fenomenologia empirica delle apparizioni fisiche. Il passo fondamentale per cogliere le motivazioni e il senso di questo superamento è il cap. XXV nel quale viene definitivamente negata la

---

[11] Sulla questione sia consentito il rinvio al secondo (« Ond'io son fatto scriba ») dei saggi raccolti nel mio libro *L'imago al cerchio, Invenzione e visione nella Divina Commedia*, Genova, Silva, 1968.

concezione dell'Amore come sostanza e persona, tutta la mitologia, insomma, del dio d'Amore. Tale negazione è vista dal Singleton come la condizione fondamentale per la risoluzione dantesca del conflitto trobadorico tra amor sacro e amor profano e del compromesso guinizelliano e stilnovistico della donna-angelo: dopo la svolta del XXV capitolo l'Amore non è più divinità sia pure metaforica, ma s'identifica con Beatrice stessa, « charitas creata », presente insieme come creatura e segno delle cose celesti. Proprio attraverso questa riduzione creaturale dell'amore (e qui appena si sfiora il tema del realismo creaturale dantesco che è argomento ancora tutto aperto allo studio e all'approfondimento) il Singleton vede il risolversi del conflitto e il ristabilirsi di una linea che va da Beatrice, *charitas* creata e partecipata, a Dio stesso, *charitas* increata e sostanziale, in un'unica teoria d'amore che riconcilia il culto per la donna con quello di Dio. In questa definizione del costituirsi di Beatrice come creatura e « miracolo », inscindibilmente e senza alternative, messa a confronto con i dati della tradizione cortese, si leggono le pagine più specificamente attinenti alla storia letteraria di tutto il libro; ma l'intento del Singleton punta più in là che a una sistemazione di poetica e di ideologia. Il superamento dei provenzali e degli stilnovisti, la vanificazione dantesca dell'ambigua religiosità di quelle tradizioni di poesia, della « teologia adoperata come tropo »,[12] l'assimilazione di Beatrice con la nozione

---

[12] L'espressione è di G. Contini, in *Dante come personaggio . . .* cit.

di Amore-*charitas* creaturale, trovano il loro compimento nella riaffermazione centrale che riallaccia l'intuizione della *Vita nuova* con l'allegoria compiuta e definitiva della *Commedia*: l'analogia Beatrice-Cristo. Tutta una ricca serie di riscontri scritturali vetero e neotestamentari, di convergenze di nomi e situazioni è presentata dal Singleton a confermare la sua ipotesi interpretativa, dal *Saggio* ai capitoli, di cui già s'è detto, « Lo schema al centro » e « L'avvento di Beatrice » rispettivamente nel primo e nel secondo dei *Dante Studies*. È ipotesi non solo suggestiva, ma ricca di possibilità esegetiche e persuasiva nella misura in cui non venga irrigidita in una statica convenzionalità allegorica, ma collocata nel dinamismo articolato della prospettiva figurale. Ne deriva anzitutto una conseguenza sul piano più strettamente letterario della definizione del genere cui appartiene il libello dantesco: non tanto « opera prima », documento di cultura e di stile tutto legato all'ambito stilnovistico, ma testo intimamente nutrito alle grandi tradizioni di letteratura sacrale, mistica e dottrinale, anticipatore sul piano ideologico e della tecnica figurativa di alcuni motivi profondi e diffusi della *Commedia*. Emerge qui una linea esegetica che s'appoggia sulla autorità dei nomi, per citare solo alcuni, del Curtius, dell'Auerbach, del Gilson e che nell'ambito della critica dantesca italiana è stata originalmente ripresa dal Branca [13] che, in un notevolissimo saggio, sullo spunto

---

[13] V. Branca, *Poetica del rinnovamento e tradizione agiografica nella « Vita Nuova »*, in *Studi in onore di Italo Siciliano*, Firenze, Olschki, t. I, 1966.

di alcune proposte linguistiche e stilistiche dello Schiaffini e dello Spitzer [14] ha accostato il libello dantesco nei suoi elementi più tipici, nei modi linguistici e negli accorgimenti narrativi alla tradizione della « devotio » francescana e al genere delle agiografie ducentesche delle « reine di virtù », delle « legende » ascetiche e mistiche. Ma al di là del problema della *Vita nuova*, le argomentazioni e gli sviluppi che il Singleton deriva dall'analogia da lui proposta tra la figura e l'avvento di Beatrice con la figura e l'avvento di Cristo consentono allo studioso effettive acquisizioni esegetiche suscettibili di svolgimento e ci pare rappresentino, insieme con la descrizione dei caratteri e della natura dell'allegoria della *Commedia*, gli esiti più notevoli e fecondi di tutta la sua ricerca; nel cuore, dunque, dell'esegesi, se si pensi alla centralità che assume in tutta l'opera poetica di Dante il mito supremo di Beatrice, figura e chiave interpretativa, invenzione esemplare e insieme critica, che adombra e rivela nella sua vicenda tutte le fasi decisive dell'itinerario spirituale e dell'ideologia letteraria dell'autore della *Commedia.*

Con gli *Studi su Dante* di Romano Guardini (Brescia, Morcelliana, 1967), tradotti in lingua italiana per l'« Edizione delle Opere » curata dal Centro

---

14 A. Schiaffini, *Lo stil nuovo e la Vita Nuova*, in *Tradizione e poesia*, Genova, 1934; L. Spitzer, *Bemerkungen zu Dantes Vita Nuova*, in « Publications de la Faculté des Lettres de l'Université d'Istanboul », II, 1937.

di studi filosofici di Gallarate, entriamo nell'area degli studi in lingua tedesca che dall'ultimo Ottocento a oggi, dagli anni delle grandi ricerche erudite e testuali alla sintesi tentata dal Vossler nel clima dell'estetica crociana, al Curtius, all'Auerbach, al Friedrich, allo Spoerri, per limitarci ai nomi più familiari alla critica dantesca italiana, rappresentano probabilmente il contributo più ricco e decisivo che le culture straniere hanno arrecato alla conoscenza e all'approfondimento del mondo e dell'opera di Dante. L'edizione italiana presenta in un unico volume una serie di saggi composti in tempi diversi e già raccolti dall'autore in edizione tedesca in due distinti volumi (*Der Engel in Dantes göttlicher Komödie*, München, Im Kösel, 1951; *Landschaft der Ewigkeit*, ibid., 1958). Con questi *Studi* il Guardini, che già aveva condotto acute analisi di carattere teologico-esistenziale su autori particolarmente significativi sotto il profilo religioso quali Dostoevskj, Hölderlin, Rilke, si accosta al massimo testo della poesia religiosa occidentale con piena e dichiarata consapevolezza della sua assoluta eccezionalità ed esemplarità come evento letterario e come documento filosofico-religioso. Il tipo di ricerca che caratterizza queste pagine non appartiene propriamente al dominio della filologia e della critica letteraria, né a quello del reperimento o dell'analisi specifica e diretta delle fonti dottrinali del poema; non mira a fornire puntuali proposte interpretative né a prendere posizione sulle questioni più dibattute della critica dantesca; non risponde, insomma, a intenti specialistici, come non « specialista » è l'autore, ma teologo e pensatore cristiano che si volge alla *Commedia* per cogliere in essa il risultato poetico di una visione del mondo e, più nel profondo, di una fede. Ricerche del genere corrono sempre il rischio, frequentissimo nell'ambito dantesco, del discorso generico, della sintesi agiografica e pretestuosa. Nel severo rigore col quale questo rischio è costantemente evitato è uno dei pregi non secondari del libro del Guardini, capace di cogliere, al di là dell'accumulazione erudita e dispersiva di fonti e nozioni, le premesse ideologiche e l'atteggiamento esistenziale che stanno al fondo dell'invenzione dantesca e ai modi della sua espressione. Il libro riesce così di effettiva e grande utilità sia al lettore generico che è messo in grado di percorrere l'edificio dantesco entro un orizzonte e secondo una direzione omogenei, sia allo specialista che è invitato a ripensare in profondo e a contatto con le grandi prospettive della cultura e della spiritualità occidentale la fisionomia complessiva e l'intenzionalità d'un testo che la consuetudine dell'esegesi a distanza ravvicinata può talora far perdere di vista.

Il primo dei due gruppi di saggi che formano il volume è dedicato a « L'angelo nella Divina Commedia », ma è in realtà un abbozzo della struttura generale del poema, entro la quale la presenza angelica acquista il suo significato e rivela la sua funzione. Tale struttura è descritta come il risultato di due moti convergenti, l'uno, assolutamente determinante, che scaturisce dalla volontà e dall'iniziativa divina, l'altro del pellegrino mosso a conoscere il tempo e la storia sul versante dell'eterno. Ciò che Dante « vede » (e fin dalle prime pagine il Guardini definisce la vicenda del poema come un viaggio che si compie in visione) è « la storia e la vita degli uomini, ma non più *per speculum et in aenigmate*, bensì giudicate da Dio e perciò manifestate »: dov'è evidente la presenza operante del concetto hegeliano, e poi dell'Auerbach, dell'eterno cristiano-dantesco non come dissoluzione del concreto e dell'individuale ma come sua rivelazione e consistenza definitiva, come totale compimento della figura del mondo. Gli angeli si collocano nella *Commedia* nella linea discendente che da Dio va al creato e agli uomini, ma non agiscono mai al servizio di Dante, non sono sue guide in nessun modo, non stabiliscono con lui un rapporto personale, svolgendo una funzione essenzialmente diversa da quella di Virgilio e Beatrice. Essi sono al servizio esclusivo di Dio, e si muovono nel poema come potenze in cui si raccoglie con la massima intensità quella « tensione » verso il compimento che il Guardini riconosce come caratteristica del viaggio dantesco e come condizione che impedisce alle vicende del poema di svolgersi come aperta, omerica « avventura ». In tutte le loro apparizioni gli angeli danteschi rivelano una sorta di cosmica « premura » rivolta al compiersi del regno di Dio, di cui il pellegrinaggio di Dante è un momento, dal primo angelo, inesorabile e tremendo, del IX dell'*Inferno*, alle intelligenze celesti che nel *Paradiso* sono colte nella loro funzione mediatrice della volontà divina attraverso la regolata armonizzazione degli influssi delle sfere. Nel riferire queste costanti delle epifanie angeliche della *Commedia* alla generale concezione biblico-cristiana degli angeli, il Guardini scrive alcune tra le pagine più belle del volume e più penetranti in senso assoluto su un tema che non gode di eccessiva fortuna nell'ambito dell'esegesi dantesca,[15] cogliendo felicemente le motivazioni teologiche di fondo che illuminano e condizionano i modi della figurazione dantesca, tutta aderente, e al più alto livello, all'angelologia biblica, aliena da ogni umanizzazione e contaminazione psicologica dei messi celesti che con Dante appaiono forse per l'ultima volta nella iconografia occidentale nella loro ieratica inaccessibilità, come realtà e potenze, prima di farsi personaggi e metafore o, come in Hölderlin e Rilke, figure mitologiche. Non è qui possibile indicare per quanti rami, in questa prima parte degli *Studi*, il tema dell'angelo si estenda organicamente a illuminare alcuni degli aspetti essenziali dell'invenzione dantesca, soprattutto della terza cantica. Basti sottolineare come un punto solo d'osservazione consente allo studioso una visione e un approfondimento della totalità del poema e di alcuni suoi momenti decisivi, senza divagazioni né prevaricazioni esegetiche, pervenendo così indirettamente anche alla verifica della potente coerenza speculativa e fantastica dell'opera dantesca, quando tale coerenza non la si ricerchi nella puntuale e rigida adesione a questa o a quella tradizione di pensiero, ma sul fondamento di una comprensione organica delle forme essenziali della visione cristiana della realtà che conferisce unità spe-

---

[15] Tra i contributi recenti spiccano per precisione dottrinale e penetrazione critica le pagine di G. PETROCCHI, *La dottrina degli angeli*, in *Itinerari danteschi*, Bari, Adriatica, 1969, pp. 333-353.

culativa alla *Commedia* proprio nella varietà e ricchezza delle fonti dottrinali e delle formulazioni cosmologiche.

Alcune delle tesi di fondo accennate nella prima parte del libro ritornano, esplicitate in un contesto più vasto e organico, nella seconda, dal titolo « Paesaggio dell'eternità ». La ricca messe di spunti che essa offre si può raccogliere in due direzioni di ricerca, l'una rivolta alla definizione dei caratteri del « realismo » dantesco nei suoi rapporti con la natura e la storia, l'altra alla penetrazione del senso e del valore della concezione gerarchica del mondo che si manifesta nella *Commedia*. Realismo e ordine gerarchico dell'essere e del movimento sono esaminati dal Guardini da un punto di vista schiettamente metafisico, come modi della visione e non come tecnica dell'invenzione e della rappresentazione, nei loro risultati significativi piuttosto che nella loro genesi espressiva. Il discorso sul realismo dantesco, minacciato sempre dalla genericità, dal compiacimento parafrastico o dal criterio pregiudiziale della mimesi rappresentativa, è giustamente e rigorosamente ricondotto dal Guardini all'interno delle due coordinate fondamentali dell'atteggiamento di Dante di fronte alla natura e alla storia, quella creaturale e quella escatologica; e collocato tutto, al di là del racconto e dell'efficacia rappresentativa, al livello della visione. Ne nascono pagine magistrali e di grande utilità propedeutica sulla fisionomia dell'aldilà dantesco nei confronti di tutta la precedente tradizione mitica e letteraria in genere e in specie del mondo dei morti omerico e virgiliano; sui rapporti fra l'eterno e il tempo in una concezione della storia che entrambi li abbraccia in una prospettiva profetica ed escatologica e sul fondamento dell'Incarnazione; sul carattere individuale e cosmico dell'*itinerarium* di Dante nei confronti delle principali formule narrative della letteratura occidentale; [16] sulla finalità di attivo intervento e giudizio che muove tutta l'esemplare ricostruzione e il narrato storico dantesco. Il capitolo più denso e felice di questa direzione di ricerca ci pare il IV, « Corpo e corporeità nella *Commedia* » dove il tema della « fisicità » delle anime dell'oltremondo è inquadrato in quello più generale della storia intesa come « storia dello spirito, ma in quanto incarnato nel corpo » e per la quale la corporeità costituisce il « momento critico ». Nel definire la presenza del mondo e della storia nell'aldilà dantesco il capitolo si muove anch'esso lungo la linea segnata dalla posizione hegeliana (e dallo sviluppo che ne trasse l'Auerbach, qui esplicitamente citato):

Il mondo non viene eliminato, ma conservato [...]; l'immediatezza del mondo è superata dalla morte, il suo valore è reso manifesto e giudicato. La transitorietà è giunta alle sue ultime conseguenze, e ciò che è passato sulla terra è assunto nell'aldilà in uno stato definitivo, eterno. Ciò nonostante vi è conservato sia come cosmo sia come storia. La personalità concreta rimane, nella più individuale definizione del suo essere, dei suoi atti,

---

[16] Illuminanti e meritevoli di approfondimento sono, a questo proposito, le osservazioni di G. LUKÁCS intorno ai postulati per i quali l'organismo della *Commedia* si differenzia dall'organicità e coerenza prive di postulati dell'epos antico, in *Teoria del romanzo*, tr. it., Milano, 1962, pp. 105-106.

dei suoi gesti. Tutto ciò non è soltanto sottolineato dallo stato eterno, ma portato a compimento (p. 226).

All'interno di questo quadro generale e ormai vulgato del rapporto tra la figura del mondo e della storia e il suo compimento nell'eterno quale si attua nella *Commedia*, il Guardini rivela i suoi interessi più vivi e raggiunge gli approfondimenti più originali, e insieme intimamente pertinenti, nell'indagine sul tema specifico della corporeità, del corpo fittizio o, come egli preferisce dire, della corporeità intermedia (*Zwischenleiblichkeit*) che caratterizza le anime del mondo dantesco. La questione della fisica consistenza delle presenze oltremondane non viene banalizzata dal Guardini col ricorso alla tautologia critica della potenza rappresentativa-fantastica, né vanificato in quel discorso generico sul concreto come condizione dell'invenzione e del linguaggio poetico che tanti problemi e dibattiti e polemiche ha suscitato, specialmente in rapporto alla diversa gradazione delle rappresentazioni nelle tre cantiche e alla validità « poetica » del *Paradiso*,[17] e che occupa tanta parte delle analisi di scuola idealistico-romantica e crociana nei suoi momenti di minor intelligenza e consistenza e di meno critica adesione a modelli ideologici spesso prevaricatori e sostanzialmente estranei al mondo e alla poetica di Dante.

---

[17] Bisogna qui ricordare il contributo decisivo e la novità d'impostazione che al dibattito sul *Paradiso* hanno recato le pagine del GETTO nel volume *Aspetti della poesia di Dante*, Firenze, 1947 (ma ora in edizione rinnovata e ampliata, con lo stesso titolo, Firenze, 1966).

La « fisicità » delle anime è studiata dal Guardini non in rapporto al risultato estetico o alle ipotetiche esigenze della rappresentazione poetica, ma come conseguenza immediata dell'antropologia tomistica. In effetti come il poeta aveva a disposizione per la sua ideazione cosmica l'immagine del mondo del suo tempo, così per la rappresentazione dell'uomo e della sua interiorità sussistente trovava il suo modello determinante nell'antropologia cristiana e più precisamente nella formulazione aristotelico-tomistica dell'anima come *forma corporis*. Il « corpo intermedio » appare quindi come la conseguente proiezione figurativa di una concezione filosofica intimamente assimilata, ma anche, e qui il Guardini scrive le pagine più acute e suggestive sull'argomento, di una fede, di un'intuizione religiosa del rapporto fra Dio e il mondo. Il « corpo fittizio », infatti, è l'anticipazione escatologica della fede nella resurrezione della carne e insieme la manifestazione della positività della materia creata, fondata sull'*eros* cristiano, sull'amore di Dio verso il finito dal quale il finito stesso riceve significato e valore, e sulla *kénosis* paolina, sull'umiltà partecipata all'uomo oggetto d'amore. Si perviene con ciò a sottolineare con estrema energia il θεῖος ἔρως come il momento centrale dell'intuizione e della rappresentazione dantesca del reale, come l'animazione mistica della sua antropologia, in armonia con la tesi di fondo del libro di un eminente dantista, il Renucci,[18] e a collocare il fondamento della « corpo-

[18] P. Renucci, *Dante*, Paris, 1958.

reità » della *Commedia* in quella erotica cristiana che dal *Cantico dei cantici* allo Pseudo-Dionigi appare al von Balthasar [19] come il « cuore di tutta la teologia » e nella quale, secondo il Guardini, si può ravvisare la zona più profonda della filosofia di Dante.

Il tema dell'ordine gerarchico dell'essere e del movimento che nella sua accezione non superficialmente cosmologica ma intimamente ed essenzialmente metafisica è argomento ricorrente in tutte le parti del volume del Guardini, viene affrontato in maniera più

---

[19] Cfr. U. VON BALTHASAR, *Verbum caro, Skizzen zur Theologie*, I, Einsiedeln, 1966, tr. it. Brescia, 1968, pp. 137-138; lo stesso in *Herrlichkeit, Eine Theologische Ästhetik, Band II, Fächer der Stile*, Einsiedeln, 1967 (tr. fr. Parigi, 1968) reca alcuni contributi fra i più interessanti nell'ambito della definizione delle componenti teologiche dell'invenzione dantesca, sottolineando energicamente i limiti che a Dante si imponevano nella rappresentazione dell'aldilà per l'influenza della cosmologia pagana e del sistema teologico scolastico del suo tempo e come questi ora entrino in conflitto e ora si armonizzino con l'influenza più genuinamente cristologica, soprattutto nel pellegrinaggio infernale (« questo viaggio all'Inferno si compie sulle orme di Virgilio, e non su quelle del Cristo — che sarebbe stata, per un cristiano, la sola condizione possibile per penetrare in questo ' luogo ' ») e nel rapporto tra *eros* e *agàpe* (« l'immagine di Dio che appare nella *Commedia* non è veramente trinitaria, è quella d'un *eros* antico straordinariamente intensificato per l'intervento del fattore cristiano. E si comprende come l'incontro di Dante e Beatrice, di Gabriele e Maria, dell'amore terreno e dell'amore celeste, d'*eros* e d'*agàpe*, nel cuore dell'*eros* inteso come abbracciante ogni cosa, sia l'ultima parola del poeta »); ma sono questi solo alcuni temi del saggio di von Balthasar che ci sembra debba essere segnalato, nel consenso come nel dissenso, e nel suo carattere di stimolo penetrante e innovatore più che di conclusione e distesa argomentazione, come il più sostanzialmente e rigorosamente nuovo e suscettibile di sviluppi che il versante teologico del dantismo ha prodotto in questi ultimi anni.

diretta e sistematica nel capitolo su « Il fenomeno della luce nella Divina Commedia ». Il poema dantesco è collocato a questo riguardo decisamente nella tradizione di pensiero che ha la sua espressione estrema al tempo di s. Tommaso nel *Liber de intelligentiis* di Witelo [20] e la sua sistemazione filosoficamente più organica in s. Bonaventura, e che per il grande tramite agostiniano e dello Pseudo-Dionigi rinvia a una comune origine neoplatonica. La presenza della luce nell'invenzione, nel linguaggio e nella struttura della *Commedia* è analizzata dal Guardini, in brevi e dense pagine, non dal punto di vista prevalentemente etico-psicologico, come nell'indagine sui tre « lumina » del Singleton, non in quanto metafora, solenne e consacrata, del cammino verso la verità e la purificazione, ma da un punto di vista schiettamente metafisico-oggettivo, come condizione d'ogni vedere, come l'atto per il quale « la realtà presente diventa trasparente nella sua essenza per lo spirito [...] l'esistente diventa sensibile nel suo valore per il cuore ». Si evita così da un lato il pericolo d'una lettura devozionale e genericamente metaforica d'un tema che non è solo coestensivo a tutta l'opera dantesca, ma sta anche a testimoniare la possibilità stessa dell'evento della *Commedia*; e dall'altro, la tentazione degli accostamenti estrinseci e divaganti con le più diverse manifestazioni luministiche dell'arte medievale che spesso aduggiano, nella critica dantesca, le variazioni sul

---

20 Il Guardini fa riferimento, per illustrare questa tradizione di pensiero, agli studi di C. BÄUMKER, *Witelo, ein Philosoph und Naturforscher des 13. Jahrhunderts*, Münster, 1908.

tema.[21] In una struttura del mondo in cui ogni cosa è vista scaturire ininterrottamente da un punto d'origine e ad esso incessantemente tendere nel ritorno, secondo il ritmo neoplatonico dell'*ekdromé* e dell'*epistrophè*, la luce è l'espressione ontologicamente rivelativa del significato e del valore: un rilievo fondamentale dell'analisi stilistico-estetica del poema, il primato dell'occhio e del vedere, viene così fondato direttamente su una concezione metafisica e illustrato, al di là delle incertezze delle analisi psicologiche e di gusto, attraverso i dati di una tradizione di pensiero che colloca gli elementi indeducibili della personalità poetica e del suo stile in una prospettiva nella quale essi trovano la loro specificazione e distanza e possono così rivelare la pienezza oggettiva dei loro significati. Il diverso atteggiarsi del fenomeno della luce, la sua funzione mai esornativa ma effettivamente rivelatrice della condizione delle anime e del senso del viaggio dantesco vengono ripercorsi in rapida sintesi attraverso i tre regni, sino all'Empireo, al momento culminante dell'*epistrophè* che il Guardini vede tutta

[21] Assai acute, pertinenti e ricche di spunti le pagine dedicate all'argomento da R. ASSUNTO nel cap. *Concetto dell'arte e ideali estetici in Dante*, in *La critica d'arte nel pensiero medievale*, Milano, Il Saggiatore, 1961; ma dello stesso va soprattutto segnalato il saggio « *Delectatio* » *e* « *beatitudo* » - *Analogità del bello e senso anagogico dell'arte nell'estetica di Dante*, in « Conoscenza religiosa », 3 (1969), pp. 242-266, nel quale si insiste sulla centralità nell'opera di Dante della linea neoplatonica dello Pseudo — Dionigi, e il confronto *Paradiso* — cattedrale gotica viene condotto non secondo il modulo generico e metaforico delle estrinseche somiglianze compositive, ma nella definizione del loro comune atteggiarsi e costituirsi, in rapporto alla realtà paradisiaca, come imitazione non figurativa ma analogico-strutturale.

segnata e assunta nell'agostiniana nostalgia del creato verso Dio.

Nell'analisi dell'Empireo e particolarmente della « candida rosa », in questo capitolo e soprattutto nel primo della seconda parte del volume, « L'elemento visionario nella Divina Commedia », acquistano rilievo due componenti particolarmente significative dell'indagine del Guardini. La prima, relativa solo ad alcuni luoghi del poema, è il tentativo attuato, con grande misura e cautela critica, di adoperare in sede ermeneutica alcune acquisizioni della psicologia dell'inconscio di origine dichiaratamente junghiana a chiarire le motivazioni di fondo di certe scelte figurative della *Commedia*: come quella, ad es., della « candida rosa »[22] ricondotta, nella sua diversità rispetto alle figurazioni paradisiache autorizzate dalla tradizione scritturale cristiana quali quelle dell'*Apocalisse*, a un'origine archetipica che ha nel *mandala* orientale la sua immagine più significativa e illustre.[23] La seconda ha invece tutta l'ampiezza di una proposta generale, per quanto avanzata dal Guardini sulle soglie del suo studio e poi solo episodicamente e brevemente ripresa: gli avvenimenti registrati nella *Commedia* si presentano immediatamente, sin dalla « selva oscura », con un carattere onirico, appaiono come accaduti in

[22] O le metamorfosi dei ladri in Malebolge, intorno alle quali il Guardini scrive pagine penetranti e ricche di suggestioni (« Le metamorfosi nell'ottavo cerchio dell'Inferno »).

[23] Sui rapporti fra la « candida rosa » e la tradizione figurativa medievale ed esoterica e il motivo del *Graltempel*, A. M. Appel, *La forma general di Paradiso*, in « L'Alighieri », IX (1968), n. 1.

sogno; e, a uno sguardo più approfondito, essi si rivelano come frutto di « visione ». L'abbozzo d'analisi di tipo junghiano di cui s'è detto, trova appunto in questa proposta generale la sua premessa e giustificazione. Scrive il Guardini:

> [. . .] il lettore deve in ogni caso pensare che tutto ciò che accade nel poema è contemplato attraverso una visione. Ovunque la forma è terrena, ma essa si trova in una condizione disposta ad accogliere un processo più profondo, affinché questo possa esprimersi in essa [. . .]. Il momento visionario non vi rappresenta semplicemente uno degli elementi in un quadro dove potrebbe benissimo anche mancare, ma è inscindibile dalla narrazione [. . .] questo sguardo dell'aldilà specifica tutto il processo e la natura delle cose rappresentate [. . .]. Di quale natura fosse più precisamente questa esperienza: se Dante ebbe una visione decisiva, che si è poi dimostrata vitale nel lavoro poetico e speculativo di molti anni, permeando la vastissima materia; o se si sono susseguite diverse esperienze nel corso della creazione poetica, o se non si trattò affatto di una vera visione in senso psicologico religioso, ma solo di una specie di contemplazione semiprofetica, come si deve per esempio ammettere per i grandi inni di Hölderlin, è difficile a dire. Per esprimersi al riguardo in modo adeguato sarebbero necessarie ricerche più estese di quelle che io ho potuto fare (p. 148; pp. 169-69).

La questione, come si vede, è grossa, investe i più disparati campi della ricerca che vanno dalla psicologia in genere e dalla psicologia più propriamente religiosa alla interpretazione filologicamente accertabile dei testi sino alle inevitabili implicazioni della critica letteraria, richiede chiarezza di metodo e capacità sorvegliatissima di distinzioni, data la resistenza che offre a indagini di questo tipo il poema dantesco tutto e dichiaratamente e con estrema consapevolezza di strategia letteraria condotto sotto il segno del « fren dell'arte » e con le risorse più strenue e riconoscibili del mestiere. Nei termini in cui è presentata dal Guardini essa appare piuttosto ancora come una opzione dello studioso, una suggestione e un'ipotesi, necessitando, come scrive il Guardini stesso, di « ricerche più estese »; ma negli studi danteschi di questi ultimi anni non mancano i contributi ulteriori intorno a questo tema e a questa ipotesi.

La suggestione e l'invito alla ricerca che muovono dalle pagine del Guardini sono appunto alla base dello studio più esteso, di Egidio Guidubaldi, dedicato all'argomento, foltissimo di documentazione e riassuntivo in modo pressoché totale di tutti gli elementi che l'esegesi secolare può fornire in ordine a questa direzione di ricerca: *Dante Europeo, III, Poema sacro come esperienza mistica* (Firenze, L. S. Olschki, 1968); il volume reca come sottotitolo esplicativo: *dalla « Visio in somniis » affermatasi nell'esegesi trecentesca alla lettura onirica consentita dalla « psicologia del profondo »*.[24]

Tutta una linea dell'esegesi italiana che, per fermarci ai precedenti più vicini o immediati, reca i nomi del Nardi, del Montano, del Sarolli e del Padoan,[25]

---

[24] Il libro sviluppa e conclude una ricerca già condotta in altri due volumi, *Dante Europeo, I°. Premesse metodologiche e cornice culturale*, Firenze, Olschki, 1965; *II°. Il Paradiso come universo di luce*, ibid., 1966.

[25] Di B. Nardi soprattutto il cap. « Dante profeta » in *Dante e la cultura medievale*, Bari, Laterza, 1942; R. Mon-

e che, pur nella varietà delle motivazioni e con accentuazione diversa, converge nell'attribuire a Dante il privilegio effettivo o la convinzione soggettiva di una rivelazione divina, di un'investitura profetica o, comunque, di una reale sperimentazione mistica, confluisce in questo volume amplissimo del Guidubaldi e viene verificata al livello e con i metodi della psicologia del profondo attraverso quello che l'autore definisce « il caposaldo junghiano dell'onirica attivazione d'archetipi d'inconscio ». La ricerca del Guidubaldi non si esaurisce quindi nella prospettiva psicologica, ma è un tentativo d'individuare in questa prospettiva il diagramma riconoscibile di un evento di ordine genuinamente religioso-soprannaturale, secondo l'inequivoca dichiarazione programmatica:

> [. . .] la proposta qui formulata ritiene di poter additare in Dante i due seguenti aspetti: 1) un perfetto caso di mistica naturale « esperienzialmente » arrivato al plotiniano traguardo dei due « centri in sintonia » (il centro dell'individuo e il centro della realtà universale) [. . .] 2) la documentabilissima esistenza d'un contesto espressivo atto ad inculcarci (per l'intero itinerario dantesco) una avvenuta fruizione dell'aldilà in termini del tutto rispondenti a ciò che, per l'oltretomba beatifico, viene scandito a chiare lettere dal par. 28 dell'*Epistola a* Cangrande (p. 31).

TANO, *Storia della poesia di Dante*, Napoli, Delta, 1962 e *Schema di una storia della poesia di Dante*, in « Convivium », n. 3, e n. 4, 1969; G. R. SAROLLI, *Dante scriba Dei*, in « Convivium », n. 1, 1963 ora in *Prolegomeni alla Divina Commedia*, Firenze, Olschki, 1971; G. PADOAN, *La mirabile visione di Dante*, in *Dante e Roma* (« Atti del Convegno di studi a cura della ' casa di Dante ' in Roma », Firenze, Le Monnier, 1965).

Che tale fruizione dell'aldilà debba intendersi contrassegnata dal carattere della soprannaturalità è ipotesi di lavoro che il Guidubaldi fa sua senza esitazione sin dall'inizio, là dove, dichiarando che la sua analisi sarà circoscritta al mondo paradisiaco, aggiunge di considerare « praticamente implicita la *stessa soprannaturalità* (cors. nostro) dei primi due momenti oltremondani ». L'autorizzazione teologica circa la possibilità di questa fruizione lo studioso deriva dai testi della mistica vittorina e, soprattutto, dai passi della *Summa* di s. Tommaso dedicati all'argomento nella *II IIae*; mentre la possibilità d'intendere un'esperienza dell'inconscio oniricamente attivata come la « registrazione » di un evento autenticamente soprannaturale riposa essenzialmente sull'adesione alla concezione junghiana degli archetipi come « presenze eterne », come divina creazione (« Dio stesso ha creato l'anima e i suoi archetipi ») che il Guidubaldi considera « funzionalizzati » da Dio a una sperimentazione d'ordine soprannaturale concessa per grazia. L'autore ha della novità e dell'arditezza della tesi e del metodo un'acuta consapevolezza che lo spinge, con una strategia dimostrativa a larghissimo raggio, a ripercorrere uno sterminato territorio culturale ed esegetico che con le sue notizie perviene e gravita alle soglie dell'analisi psicologica vera e propria, e che qui possiamo solo in parte e sommariamente accennare: progressivamente, dal cerchio al centro, le indagini di estetica speculativa sui rapporti tra poesia e mistica (soprattutto attraverso i nomi di Brémond e Maritain); gli studi sulle componenti psicologiche del misticismo dantesco e sull'analogo delle precedenti e leggendarie « visioni medievali »; [26] la tesi della « visio in sommiis » che affiora in più d'un luogo dell'esegesi trecentesca e che ritorna energicamente in un Palmieri [27] e, con motivazioni, cautela critica e ampiezza diversa nel Pagliaro,[28] e che si colloca come posizione intermedia tra il « profetismo integrale » di Guido da Pisa e la tesi della totale « fictio poetica » di Pietro di Dante; i dati derivanti dalle grandi esperienze mistiche e dalla fenomenologia della loro espressione linguistica esaminati principalmente sugli esempi di Matilde di Hackeborn, di Ildegarde, di Gioacchino da Fiore e, più oltre, di s. Teresa d'Avila, s. Igna-

[26] Bisognerebbe forse aggiungere alla ricca documentazione bibliografica una voce importante soprattutto per la somma delle notizie e dei dati raccolti, A. Rüegg, *Die Jenseitsvorstellungen vor Dante und die übrigen literarischen Vorausstzungen der « Divina Commedia »*, Einsiedeln, vol. 2°, 1945.

[27] D. Palmieri, autore di un *Commento alla Divina Commedia*, 3 voll., Prato, 1898, è voce della bibliografia dantesca diffusamente richiamata in luce dal Guidubaldi ed effettivamente ricca di felici notazioni in questa linea della visione « in sogno ».

[28] Cfr. A. Pagliaro, *Proemio e prologo della Divina Commedia*, in « Atti del Convegno di studi su Dante e la Magna Curia », Palermo, 1967, che riprende e puntualizza una precedente più ampia ricerca contenuta nei capp. I e II (« Il proemio », « Il prologo ») del volume *Ulisse, Ricerche . . .* cit., pp. 1-114; lo spunto dell'esegesi trecentesca della « visio in somniis » è peraltro sfruttato dal Pagliaro come momento interno della finzione, della « fabula », e limitatamente all'ispirazione iniziale del poema. Tra le opposizioni più recise a questa linea esegetica sta il Contini che, riferendosi al primo verso del poema, definisce « balorda » l'interpretazione antica che il *mezzo del cammin* sia « una delle due metà (discontinue) della vita umana, quella passata in sogno » (cfr. *Filologia ed esegesi dantesca*, in « Atti dell'Accademia Nazionale dei Lincei. Rendiconti », a. CCCLXII (1965), vol. VII, fasc. 1, pp. 18-37); ora in *Varianti . . .* cit.

zio, s. Rosa da Lima, che vengono dal Guidubaldi confrontati e assimilati fra loro e con le notizie del poema dantesco in una considerazione essenzialmente sincronica, come vuole il carattere di « eternità » delle loro fonti archetipe, in una contemporaneità forse troppo estranea e aliena dalle precisazioni e dalle distinzioni che da una prospettiva diacronica sarebbero potute derivare; infine, l'« inequivoco messaggio », che verrebbe a confermare il fatto di una reale esperienza visionaria, dell'*Epistola a Cangrande* che, contrariamente alla interpretazione allegorica su cui concordano sia gli obiettori almeno parziali dell'autenticità come il Nardi sia i sostenitori come il Mazzoni, è considerata dal Guidubaldi in un fitto capitolo come un'esplicita autorizzazione d'autore della avvenuta visione dell'aldilà. Tutto questo foltissimo apparato culturale che abbiamo potuto solo accennare (ma vorremmo aggiungere le pagine, tra le più utili e circostanziate, sui vari aspetti del luminismo medievale) si presenta, anche a prescindere dalla tesi di fondo, con una sua consistenza autonoma che costituisce l'articolata ricchezza del libro il quale, sotto questo profilo, si offre come un'occasione per ripercorrere un aggiornatissimo itinerario della letteratura dantesca nella prospettiva mistica e dottrinale e di altri numerosi apporti che a quella prospettiva si possono ricondurre. Ma il volume del Guidubaldi affida la sua novità e la sua fisionomia specifica appunto alla tesi di fondo, alla verifica in termini di psicologia del profondo di un'avvenuta fruizione dantesca dell'aldilà nella forma di una « visio in somniis », espressa dal poeta secondo una simbologia che si riconduce agli archetipi fondamentali dell'« inconscio collettivo ». Non è qui possibile passare in rassegna nemmeno sommariamente la serie di argomentazioni e i processi dimostrativi di cui l'autore si avvale, che vanno dall'analisi dei passi più visionari e oniricamente segnati del poema (fra le più puntuali ci sono sembrate le pagine relative alla « selva oscura » e alla visione trinitaria) alla documentazione figurativa per tavole tendente ad assimilare il discorso metaforico dantesco a un « regolare succedersi di " status interiori " già figuralmente codificati »; ma vorremmo soltanto sottolineare qualche acquisizione e abbozzare qualche osservazione sul metodo e sulle conclusioni generali, con tutta la consapevolezza della loro provvisorietà e della loro sproporzione nei confronti dell'amplissimo territorio argomentativo a cui si riferiscono. Sarà anzitutto utile stabilire una distinzione preliminare tra l'analisi condotta con gli strumenti della psicologia dell'inconscio e l'ipotesi di un'effettiva esperienza mistico-visionaria dell'autore della *Commedia.* Sul versante dell'indagine psicologica il volume del Guidubaldi addita indubbiamente e sviluppa una prospettiva di ricerca di vivo interesse e capace anche di fornire indiretti sussidi all'esegesi del testo dantesco, come avviene di fatto nel corso del volume stesso, quando tale ricerca venga condotta con tutto il rigore e la prudenza che ovviamente richiede e sulla premessa, più volte ribadita nell'ambito degli studi psicoanalitici sull'arte, che ogni descrizione e valutazione di questo tipo rimane necessariamente al di qua non solo di ogni valutazione estetica, ma anche di ogni pretesa di fornire la chiave del processo della produzione artistica in quanto tale. In questa direzione i contributi del Guidubaldi e gli studi condotti per iniziativa dell'Istituto di studi danteschi dell'Università Cattolica di Milano [29] possono aprire un capitolo nuovo e diverso nell'ambito degli studi danteschi. Le nostre perplessità, e anche per certi aspetti non marginali, si accumulano intorno all'opinione relativa a una effettiva sperimentazione mistica come condizione all'avvio e a tutta la scrittura della *Commedia*. La questione è evidentemente di decisiva e centrale importanza, non solo in rapporto alla storia della spiritualità medievale nella quale l'opera di Dante occupa una zona densissima di significati, ma anche e soprattutto in rapporto alla storia della fenomenologia della produzione letteraria nella quale la *Commedia* trova la sua definizione. Qui chiarezza e rigore di metodo, che significano essenzialmente aderenza all'oggetto, esigono che ogni discorso si muova dal testo e ad esso ritorni per la sua verifica; più precisamente, poiché si tratta di proposta che investe alle radici e totalmente la genesi dell'opera e per evitare di scambiare le proprie inclinazioni esegetiche con l'effettiva consistenza del problema, chiarezza e rigore esigono

[29] I primi risultati di questi studi sono raccolti nel volume *Lectura Dantis Mystica*, Firenze, Olschki, 1969 che accanto ai contributi del « Seminario di Filologia dantesca » dell'Università Cattolica del Sacro Cuore dedicati a un'esplorazione dell'esegesi trecentesca in ordine all'ipotesi della « visio in somniis » e ad alcuni aspetti del misticismo dantesco, raccoglie le relazioni di alcuni eminenti dantisti insieme ad altre di studiosi di filosofia, teologia e psicanalisi. I dati della ricerca relativa all'esegesi trecentesca sono poi raccolti anche in estratto, *L'esperienza mistica di Dante nelle indicazioni dell'esegesi trecentesca*, Firenze, Olschki, 1969.

che non si ricorra solamente, pur con tutto lo scrupolo e l'onestà dell'apparato scientifico, al testo per ricevere smentita o conferma alla tesi proposta, ma ci si domandi preliminarmente se il testo letterario ch'è oggetto della ricerca imponga l'assenso alla tesi stessa per giustificare la sua propria esistenza e interpretabilità altrimenti inesplicabili. Non c'è dubbio che il poema ci presenti un avvenimento d'ordine soprannaturale come effettivamente accaduto; ma la domanda decisiva è da porsi, a nostro avviso, in questi termini: l'avvenimento mistico è instaurato all'interno della « fabula » del poema, o è esso stesso a renderla possibile, a instaurarla e condizionarla, rivelando, sotto quella che solo in apparenza sarebbe la visione (o il viaggio) d'un poema, la figura assolutamente inedita del poema d'una visione? Diciamo subito che non abbiamo trovato nella *Commedia*, per quanto la conosciamo e siamo capaci di conoscerla, e negli altri testi danteschi chiamati dal Guidubaldi a sostegno della sua tesi, nessun passo che imponga persuasivamente una interpretazione univoca nel senso dell'avvenuta sperimentazione mistica, né tale persuasione ci è venuta dall'insieme dei passi stessi, esaminati nei loro eventuali nessi organici. La lettura della cronaca mistica nel corso del poema, e in particolare nell'ultima zona paradisiaca sulla quale il Guidubaldi incentra il suo interesse (« il Dante della suprema esperienza paradisiaca non sta per niente " divulgando " a nostro pro ciò che egli ha provato, ma semplicemente " registrando " [. . .] le varie figurazioni d'inconscio susseguitesi nelle pagine del suo libro interiore, ragguagliandoci in pari tempo sui riflessi sensibili in lui prodotti dalla genuina funzione soprannaturale cui Dio eleva tali figurazioni, divenute, per ciò stesso, capaci dell'esperienza beatificante che caratterizza l'insieme », pp. 173-74) ci appare sempre rovesciabile nella lettura dell'invenzione della cronaca mistica, senza che al testo derivino incongruenze, oscurità e contraddizioni; ci sembra anzi che proprio tra questi due termini si muova la bilancia strutturale della *Commedia* e che appunto in quest'ambiguità si dispieghi la suprema strategia poetica di Dante e si possa riconoscere l'originalità di un'operazione letteraria non assimilabile univocamente da un lato all'invenzione mitopoetica e, dall'altro, all'allegorismo didascalico dei poemi teologico-filosofici del medioevo latino. Per l'acquisizione della consapevolezza di questa ambiguità e dei problemi ch'essa suscita in ordine alla definizione dei caratteri propri e, crediamo, veramente unici, nella qualità e non solo nel grado, del poema dantesco, è condizione essenziale e irrinunciabile tenere costantemente presenti le componenti specificamente letterarie del poema, i suoi condizionamenti di poetica e retorico, le fonti classiche e romanze e il modo del loro sfruttamento, insieme, e con nessi inscindibili, alle sue componenti mistiche e dottrinali. L'assenza praticamente totale di questo versante in senso lato « laicale » nelle considerazioni del Guidubaldi non infirma per se stessa l'utilità e la ricchezza degli accertamenti psicologici delle figurazioni d'inconscio, ma impedisce l'aspirazione a travalicarli in una valutazione globale che mira a « cogliere la vera fisionomia dell'itinerario dantesco », quando questo non venga mitizzato fuori della verità effettuale del libro. L'argomento dell'intensità emotiva della partecipazione dantesca alla sua vicenda e dei risultati espressivi, a cui il Guidubaldi ricorre in armonia con le motivazioni di carattere più strettamente esegetico e psicologico, ci spinge indubbiamente in una direzione che trascende in qualche modo i condizionamenti della tradizione letteraria e le stesse risorse e ambizioni del mestiere, che attinge probabilmente le zone impervie delle intuizioni mistiche e quelle sotterranee dell'inconscio; ma è necessario per giustificare tale intensità emotiva attribuire un'investitura e una « genuina funzione soprannaturale » alle figurazioni paradisiache (e implicitamente a quelle di tutto il poema)?; non è forse sufficiente un richiamo più generico al grado di assenso e partecipazione col quale Dante aderisce alla sostanza delle *cose sperate* che il suo discorso poetico adombra (ma le parole forse mancano a dire la forza di attualizzazione della metafora dantesca e insieme la sua costante consapevolezza del limite dell'invenzione e dell'artificio che nella cifra allegorica trova appunto lo strumento di una costante e sistematica demitizzazione), e ad una cultura e a una Weltanschauung per le quali la figurazione simbolica appariva immediatamente dotata di un'autorità non riducibile al successo estetico, ma intrinsecamente metafisica, secondo il libro della natura e della storia, e insieme sacrale, secondo il libro delle Scritture? In questa prospettiva anche il ricorso che l'*Epistola a Cangrande* fa alle autorità della Scrittura e dei Padri e dei grandi dottori della mistica non ci sembra che autorizzi a interpretare tali autorità come testimonianza addotta da Dante a confermare l'avvenuta « esperienza oltremondana come felice *status* fruibile da quaggiù », secondo la tesi che il Guidubaldi sostiene nel capitolo dedicato appunto all'analisi del par. 28 dell'*Epistola* stessa; quando basterebbe a giustificare tale dovizia e responsabilità di citazioni l'intenzione di dimostrare plausibili e non sconvenienti i modi dell'invenzione stessa dell'avvenimento mistico per il tramite di un'opera che pure si presenta coi caratteri della « fictio poetica », l'intenzione di legittimare l'umile e insieme rischiosissima impresa del poeta di tentare una figura inedita dell'opera letteraria (« l'acqua ch'io prendo già mai non si corse ») attraverso una totale, nell'argomento e nelle forme, contaminazione teologico-sacrale del discorso poetico; e insieme di dimostrare come tale contaminazione, per il tramite della decifrazione allegorica sulla quale tanto insiste il dettato dell'*Epistola*, possa sistematicamente evitare il pericolo della conversione della teologia nel mito. Il par. 28 dell'*Epistola*, dedicato al commento delle terzine 2ª e 3ª del I del *Paradiso*, che il lettore interessato vorrà tener presente nella sua formulazione letterale, presenta indubbiamente un'impressionante serie di *auctoritates* a illustrazione di una particolare esperienza mistica, dal Nuovo al Vecchio Testamento, dal *De contemplatione* di Riccardo di San Vittore al *De considerazione* di s. Bernardo al *De quantitate animae* di Agostino; è vero, come osserva il Padoan,[30] che non è dato di riscontrare in altri esempi letterari del tempo una tale gravità di espedienti per

---

[30] Cfr. G. Padoan, *La mirabile visione di Dante*, in « Atti . . . » cit., p. 287.

un'opera di finzione poetica, ed è anche vero, come bene rileva il Guidubaldi, che il passo è condotto con vigile precisione tecnica e con umile e lucidissima consapevolezza dei limiti della persona e della sua stessa esperienza mistica; ed è vero, infine, come ancora vuole il Guidubaldi, che la gravità probante di tale corredo di autorità non può essere elusa con la facile ipotesi dell'autosuggestione investiturale; ma di qui a riconoscere nel passo una dichiarazione d'autore e di protagonista su un'avvenuta esperienza d'ordine soprannaturale la distanza è ancora molta e, anzi, un'attenta lettura del passo ci sembra impedisca di colmarla. Il discorso richiederebbe una più ampia e minuta argomentazione, di cui qui ci limitiamo a fermare qualche spunto che ci sembra preliminare. Anzitutto, il paragrafo non può essere letto e compreso adeguatamente fuori di una stretta relazione con l'organismo complessivo dell'*Epistola,* soprattutto per la parte che lo precede con la sua problematica e la sua preoccupazione dominante di *accessus ad auctorem*, argomento del poema, sensi, titolo, partizioni, *forma tractatus* e *tractandi*, genere di filosofia, prologo ecc. . . ., sì che, accanto a quei rinvii mistico-scritturali raccolti tutti in un punto, si leggono quello a Platone, Aristotele, Orazio e Terenzio, Seneca, in tradizionale e non contrastante convivenza. In secondo luogo, bisogna tenere ben presente il punto di vista dell'estensore dell'*Epistola* e in esso collocarsi; che non è propriamente quello dell'autore né, soprattutto, quello del personaggio protagonista della vicenda o visione, ma quello dell'esegeta che illustra l'opera al destinatario. Si vedrà allora come tutte quelle altissime autorità sono prodotte a testimoniare la verisimiglianza dell'invenzione e del racconto e ad autenticare la precisione terminologica e dottrinale del dettato delle terzine, confermata anche, nel paragrafo immediatamente seguente, con l'autorità di Platone: Dante personaggio ha avuto quell'esperienza mistica e non la persona storica del poeta e dell'autore. In questo modo, anche, all'*Epistola* si conserverà la sua indubbia destinazione di commento e guida alla lettura, che rischia altrimenti di essere deviata nella documentazione d'un episodio biografico. Viene così offerta dall'autore dell'*Epistola* un cifra di lettura per il *contenuto* del poema e non per il poema nella sua realtà totale e condizionante: per tale cifra, sarà vero secondo il racconto quello che è verisimile secondo il libro nella totalità della sua struttura. Quanto questa cifra di lettura trovi riflesso e corrispondenza nell'esegesi sin dai suoi inizi è un fatto accertabile che rinvia al testo poetico per misurarne la forza e la qualità d'invenzione, ed è ben documentato dal volume del Guidubaldi che di questo indirizzo esegetico è anche un documento, l'ultimo, il più conseguenziario e, per gli strumenti psicologici della verifica, nuovo; ma tanto non basta a sciogliere il sospetto della sua unilateralità e dell'insufficienza a cogliere la complessità e i caratteri originali dell'operazione letteraria in cui la *Commedia* consiste.

Dall'interpretazione figurale dell'Auerbach, che è prospettiva suscettibile sempre di sviluppo e approfondimento, alla corretta e analitica definizione dell'allegoria e in genere della sacralità biblica e medievale nell'opera dantesca del Singleton, alla sintesi organica e ricca di spunti della Weltanschaung entro la quale la *Commedia* s'inscrive del Guardini, sino alla proposta di lettura secondo i metodi della psicologia del profondo, la componente teologico-mistica e la radicale religiosità della poesia di Dante appaiono non solo energicamente sottolineate e approfondite nella ricchezza dei loro riferimenti testuali, ma colte e misurate nella loro presenza coestensiva a tutta l'ideazione e scrittura dantesca. Tanta varietà e ricchezza di contributi, che non si esaurisce certo nelle voci citate, manifesta naturalmente la sua utilità ed efficacia ogni volta che, almeno implicitamente, si condizioni alla concretezza del testo letterario, nella misura in cui si fa esegesi locale o effettivo criterio ermeneutico; rischia di perdere la sua stessa rilevanza religiosa nella misura in cui tale specificità letteraria viene elusa in uno sfoggio erudito di documentazione mistico-dottrinale sul pretesto della *Commedia* o in un capitolo tutto esteriore di storia del pensiero e del sentimento religioso fuori dei modi propri della « fictio » poetica in cui il poema si realizza. La direzione più propria e feconda della ricerca e dello sfruttamento dei dati desunti dalla tradizione e letteratura biblica, teologica e mistica ci sembra debba puntare non sulla verifica e descrizione del processo di elevazione della poesia dantesca ai modelli di quella tradizione e letteratura, ma, nel senso opposto, nella verifica e descrizione del mutamento radicale che l'assimilazione di quei modelli ha prodotto all'interno della poetica o del linguaggio danteschi sulle soglie e lungo tutto il corso del poema, secondo quella che ci pare la linea di sviluppo della suprema sperimentazione letteraria della *Commedia*.

Nel « poema sacro » l'eccezionalità, l'esemplarità e il rischio sperimentale dell'attributo non nascono da un processo di elevazione – dal basso verso l'alto – del poema ai livelli della visione e del discorso biblico e, in genere, della più alta letteratura mistica, da una trasfigurazione unilaterale delle muse in Dio, da un condizionamento del libro umano ai libri divini, ma dal processo inverso, dal tentativo – dall'alto verso il basso, per restare in metafora – consapevole e programmatico di tradurre le possibilità e le fecondità di quel tipo di visione, di quel discorso e di quella letteratura nell'ambito di un genere letterario specifico, da un condizionamento, sul piano poetico e operativo, dei libri divini al libro umano, in una conversione, al limite, in schemi retorici delle forme della enunciazione biblica e della tradizione dottrinale e letteraria costituitasi, con maggiore o minore fedeltà, su quel supremo esemplare. Un contributo talora assolutamente decisivo può venire all'intelligenza della *Commedia* dalla distinzione fra le « due allegorie » e dall'assimilazione dell'allegoria dantesca a quella cristiana o dei teologi con il conseguente carattere di storicità che necessariamente l'invenzione attribuisce al viaggio oltremondano, dall'indicazione del registro metafisico e mistico sul quale le manifestazioni del linguaggio e della fantasia dantesca debbono essere trasferite e decifrate, dalla rilevazione della totalità e intensità psichica che partecipa all'invenzione poetica, quando tutti questi elementi non si sovrappongano al « modus tractandi – per ricorrere ancora all'*Epistola a Cangrande* – poeticus, fictivus, descriptivus, disgressivus, transumptivus . . . » al punto da subordinarlo all'evento determinante di una reale esperienza mistica, o, come più sottilmente vuole il Singleton, da occultarlo, con sublime astuzia poetica, sotto l'apparente realtà del viaggio oltremondano (« L'invenzione della *Divina Commedia* è che essa non è un'invenzione »), mentre la presenza di questo « modus » appare altrettanto esplicita e dichiarata che l'asserzione della realtà della visione, come lo studio delle fonti e il versante dell'esegesi stilistica e strutturale mettono continuamente in luce. Proprio sul nesso indistricabile di visione e invenzione, di « fictio » e avvenimento reale, dello scriba e del poeta ci sembra poggiare la strategia strutturale del libro di Dante che trova in questo nesso le condizioni per una poesia che non si risolva in una mistificazione sacrale radicalmente incapace, da un lato, di impadronirsi del reale del tempo e della storia e, dall'altro, di aprirsi a una prospettiva di dettatura trascendente già capace di colmarla e pur sempre totalmente altra dal dettato poetico, dagli « umbriferi prefazi » e dall'« ombra del beato regno »; che sono, al limite, le condizioni di ogni poesia religiosa e che qui, in modi e con risultati che chiedono di essere ulteriormente interrogati, raggiunsero un loro esemplare massimo.

INDICE DEI NOMI

INDICE

Finito di stampare
nel luglio 1972 con i tipi della
“Tiferno Grafica” di Città di Castello